Als Oma noch lebte

EINE KINDHEIT IM SCHWARZWALD

Für meine Oma.
Und für eure Oma.

ELMAR
LANGENBACHER
VERLAG

Herkunft

Urplötzlich war es da, dieses Gefühl, diese Sehnsucht. Es riecht nach Wald, der Geschmack der Brombeeren auf meiner Zunge wird zur Sinnesexplosion, die Hände greifen in das frische Moos neben mir, fühlen die Kindheit und die heißt: Danke Oma! Ich spüre und rieche die warme Oma-Spucke in ihrem Taschentuch auf meinem Gesicht und höre ihre Stimme: „willsch ä Guzele Bubi?“, also magst du ein Bonbon haben, mein kleiner Enkel. Meinend ein Nimm-2-Bonbon, das orange, nicht das gelbe, in dem knisternden, durchsichtigen Papier. Mit ihren faltigen Händen legt sie es in meine kleine Kinderhand. Ich schließe meine Augen und sehe sie vor mir. Gütig und zufrieden. Und so sitze ich nun, mitten im Wald auf einem roten „Bänkle“, wie einst vor 45 Jahren mit der Oma, esse Brombeeren und meine Augen werden feucht. Zu lange bin ich schon gerannt, nicht spaziert, wie einst mit der Oma.

Herkunft ist, wo man als Kind gespielt hat. Denke ich an meine Kindheit, denke ich an Oma. Ach Oma! Die Eckbank in der kleinen Küche mit dem alten Emaille-Herd, auf dem der feine „Oma-Tee“ gekocht wurde, das Schüsselchen mit dem Kakao und den „Flöckle" drinnen. Ich höre das Gedudel aus ihrem alten Radio, an welchem wir so gerne die lange, silberne, ausziehbare Antenne abknickten. Die Kuckucksuhr, die Oma absichtlich vordrehte, dass der kleine Vogel schreit. Die Blumen, die ich ihr gepflückt habe, stehen auf dem Tisch. Das hölzerne Treppengeländer, auf dem wir so gerne gerutscht sind. Der Duft von Bohnerwachs aus der Tube. Ich sehe Mutter und Vater, meine Geschwister und all die anderen um den ausziehbaren und mit einer Kurbel höhenverstellbaren Tisch in der guten Stube sitzen, Oma in ihrem alten Lehnensessel. Das Bild des Opas hinter ihr an der Wand. Ich höre sie rufen: „Loch zu, `s zieht!"

Das Städtchen meiner Kindheit liegt im Schwarzwald. So mittendrin. Hornberg. Zu meiner Kindheit lebten in Hornberg so fünftausend „Hansele", wie Oma sagen würde. Inklusive der Einwohner beider Hornberger Ortschaften, nämlich Niederwasser und Reichenbach. Das sind Schwarzwaldtäler mit großen Bauernhäusern, Mühlen und Kapellen – und deren Kinder rochen im Gegensatz zu uns Stadtkindern meist nach Kuhstall, also früher. Dafür stammt der original Schwarzwälder

Bollenhut aus Hornberg-Reichenbach, auch klar, neben Gutach und Kirnbach. Rote Bollen für ledige Mädle und schwarze Bollen für verheiratete. Ein klares Signal. Wäre aber gar nicht nötig gewesen, denn jeder kannte ohnehin jede. Und jede jeden. Hornberg ist badisch, wegen dem Napoleon und so. Davor war Hornberg allerdings württembergisch, also schwäbisch. Und vor den Württembergern regierten die Herren von Hornberg, ein Rittergeschlecht, und bauten auf einem der Berge, einem Plateau, eine Burg. Darunter entstand mein liebes Städtle. Und weil die Hornberger einst ihren Landesvater empfangen wollten, ihr Pulver aber zu früh verschossen haben, so die Legende, gibt es auch das *Hornberger Schießen* und romantisch im Wald gelegen eine Freilichtbühne, was keine Legende ist. Der Schlossberg mit dem Schlosshotel – der heißt so, obwohl da auch Reste der Burg stehen, also eigentlich Burgschlossberg – bestimmt das Ortsbild. Mächtig überbrückt das Viadukt der Schwarzwaldbahn die Stadt. Darunter und dazwischen und gegenüber und fast drumherum schmiegt sich das Städtchen. Geht man in Hornberg aus dem Haus, so steht man ziemlich schnell im Wald. Im wahrsten Sinne des Wortes. Der Wald. Meine Kindheit. Meine Kindheit mit der Oma.

Mitten in der Stadt macht die Straße eine S-Kurve über den Bach, die Gutach, die von den Triberger Wasserfällen kommend durch die Stadt fließt. Und wenn man an der S-Kurve stadtaufwärts geradeaus geht, oder läuft, oder spaziert – so gelangt man in die Schloßstraße. Da hat Oma gewohnt. Ein Stück dahinter, beim alten „Spritzenhaus“, neben der Molkerei, da stand einst mein Elternhaus. Im „Sägegrün“.

Willkommen in meiner kleinen heilen Welt in den Siebzigern, die nicht immer heil war.

Omas Treppengeländer

In Omas Treppenhaus gab es ein Geländer. Massiv aus Holz. Oben, am Handlauf, abgerundet und genau so breit, dass der kleine Kinderpopo bequem darauf Platz nehmen konnte. Abgewetzt war es, das Geländer, ein Geländer, das viele Geschichten von dem alten Haus in der Schloßstraße hätte erzählen können. Im Treppenhaus roch es nach Bohnerwachs aus der orangenen Tube. Mühsam hat Oma Woche für Woche, auf der einen Treppenstufe kniend, die nächst höhere gebohnert. Mit einer Bürste gescheuert und mit einem Lappen hinterher gewienert. Kindheitsduft.

Ihre gütigen Augen strahlten uns an, wenn wir an ihr vorbeigerutscht kamen. Meine Schwester Vera und ich. Oder die großen Brüder Jörg und Helmut. Geschimpft hat Oma nicht.

Das schönste an der Treppe und dem Geländer war die Kurve, da galt es beim Rutschen die Balance zu halten. Am Ende des Geländers ging der Handlauf etwas nach oben, gleichsam einer Sprungschanze. Da war es höchste Zeit zu bremsen. Und später dann, als der Kinderpopo schon etwas größer war, erst richtig Gas zu geben und so weit wie möglich zu fliegen. Dann war man auch schon im Erdgeschoss. Im Schwarzwald auch gerne als erster Stock bezeichnet.

Das Erdgeschoss war wie eine kleine Halle, dunkel, nur das halbrunde Oberlicht über der großen massiven Eingangstüre ließ etwas Tageslicht einfallen. Unwirklich, hoch, bedrohlich. Die Worte hallend. Nur eine kleine Glaslampe hing in der Mitte des Raumes an einer langen Schnur von der Decke herunter. Der Boden war aus großen, handgeschlagenen Steinplatten, zu beiden Seiten dieser kleinen Halle gingen Treppen hinab in jeweils einen großen, finsteren Gewölbekeller, mit einer großen Tür verschlossen. Dort waren die Kohlen, dort waren die Kartoffeln. Die gehörten aber nicht meiner Oma, sondern, ich glaube, dem Hermann Aberle, Agrarhandel aller Art.

Da war noch ein Kellerraum im finsteren Erdgeschoss. Direkt am Treppenaufgang. Mit Brettern verschlagen befanden sich darin einzelne Zellen, denn über Oma wohnten noch die Hausbesitzer. Ein großer Schlüssel öffnete diese Schatzkammer. In der Schatzkammer lagerte Oma allerlei Dinge. Vor allem die Äpfel. Ein Duft der Kindheit. Gemischt mit dem Geruch nach Briketts für die Küche und Öl für den Stubenofen. An der Wand eine grobe, schwarze, runde Dose mit einem breiten

Drehgriff – das war der Lichtschalter. Klack: an. Klack: aus.

Mit zunehmendem Alter stieg die Geschwindigkeit beim Treppengeländerrutschen. Geschwindigkeit erzeugt eine höhere Reibung, eine höhere Reibung erzeugt mehr Wärme – bis hin zur Hitze. An den Handflächen sowieso und im Sommer auch an den Schenkeln wegen den kurzen Hosen. Dennoch: sowohl Hände als auch Schenkel brauchte man zum Bremsen.

Einmal, ich habe sie gar nicht kommen hören, kam mir Mutter auf der Treppe entgegen. Sie aufwärts, ich abwärts. Mein ausgestrecktes Bein traf sie hart, schmerzhaft. Fast wäre sie gestolpert und die Treppe hinuntergestürzt. In Omas guter Küchenstube trafen sich beide wieder: Mutter und kleiner Sohn.

Dies war das Ende des Geländerrutschens. Statt der Schenkel waren nun die Backen heiß.

Omas Küche und Pumphosen

Die Küche. Omas Küche. Inbegriff meiner Kindheit. Und nicht nur meiner. Zentrales Element dieser kleinen Küche war ein ausziehbarer Tisch mit weißer, gesprenkelter Oberfläche und grauem Plastikfurnier drumherum, sowie die schlichte Eckbank, die um diesen Tisch führte. Die Polster mit so einem roten, quietschendem, im Sommer an den Beinen klebenden Kunstleder bezogen, mit goldenen Nägeln, die runde Köpfe hatten, von unten festgetackert. Die Sitzflächen konnte man öffnen, da war allerlei Kruscht und Krempel und Krempel und Kruscht in der Eckbank drin. Am vorderen Kopfende, zur Tür hin, da stand ein Holzstuhl, Omas Stuhl. So hatte sie Türe, Herd und Kühlschrank immer in Reichweite. Und den hölzernen Kochlöffel, mit dem sie, wenn absolut nötig, mehr Ruhe einforderte, in dem sie besagten Kochlöffel auf die Tischplatte oder eine Plastikschüssel klopfte. Um diesen Tisch saßen die Enkelkinder und die Oma. Wenn weiterer Besuch da war, also Mutter und Vater sowie alle Onkeln und Tanten und Cousins und Cousinen, wurde es um diesen Tisch besonders eng. Dann waren Omas Kinder und Kindeskinder vereint. Wie hat Oma das geliebt. Wie habe ich das geliebt! Lieblingsbeschäftigung der Enkel: Oma den Kochlöffel klauen, heimlich unterm Tisch angeschlichen.

Der Herd ein Relikt vergangener Tage. Nix Strom und so – nein – Oma musste mit Briketts oder Holz anfeuern. Mit kleinen trockenen Ästen, also „Bengele“

– wie Oma kleine Äste nannte – zuerst, dann kamen die Holzscheite und Briketts obendrauf. Das Flackern der züngelnden Flammen warf Schattenspiele in den Raum. Es roch nach frischem Holz und Baumharz, das verbrannte. Gusseiserne Füße hatte der Herd, er war mit weißer Emaille verkleidet, mit Griffen, von Meisterhand geschmiedet. Ein Herd für die Ewigkeit. Nach dem Anfeuern fuhr Oma den Eisenhaken, mit der Übung von Jahrzehnten, immer wieder in das Loch in der schweren runden Platte über dem Feuer, um diese wie einen Deckel zu heben, zur Seite zu schieben, um nach dem Feuer zu sehen. Wieder geschlossen, stellte Oma den anmutigen Kessel mit dem frischen Wasser für den Tee auf die Platte, gleich neben das metallene Schiff mit Wasser, warmes Wasser konnte sie stets gebrauchen.

Unspektakulär die Teekanne aus Glas, nach oben hin verjüngend, ein schwarzer Plastikdeckel, ein Metallring um den Hals, daran ein schwarzer Plastikgriff. Fertig. Schnörkellos. Glucksend ergoss sich das heiße Teewasser in die Kanne, wirbelte den zarten Tee, Marke Sir Henry, mit Bergamotte, auf. Omas Lieblingstee, unser „Omatee". Begeistert verfolgten wir die kleinen dunklen Teeblättchen, wie diese nach dem Wassersturm wieder langsam zu Boden rieselten, so wie die Schneeflocken vor Weihnachten, bis der Friede in der Kanne zurück war. Im Sommer mit frischer Zitrone verfeinert, die sie mit ihren kleinen faltigen Händen über der Kanne ausdrückte, bis wirklich der letzte Tropfen aus der Frucht gequetscht war. Den allerletzten leckte sie aus der Zitrone. Bloß nichts wegwerfen. Im Winter gab es ein „Löffele Rum“ dazu. Also zwei. Stroh Rum, 80%. Auch für uns. Aber nur, wenn Mutter oder Vater nicht dabei waren. Unvergesslich Omas Pudding, Dr. Oetker, blaue Tüte, gelber Pudding. Immer vom Rand nach Innen löffeln, wegen „Gosch net vobrenne“ und so. Also den Mund nicht verbrennen. Dr. Oetkers Vorrat lagerte gleich neben der Tüte mit den Nimm 2-Guzele, sprich Bonbons. Gelb oder Orange. In durchsichtigem Knisterpapier mit grünen Enden.

Für uns Kinder war die große, weiß gestrichene Holztruhe mit riesigem Klappdeckel neben dem Herd mit dem Holz drinnen wichtig, und noch wichtiger die Allzweckkommode daneben – es gab nichts, was es darin nicht gab: vom Mal- über Bastelzeug bis hin zu Omas Rasierer, Marke Wilkinson, für das zarte Damenbärtchen, ungeniert zog sie sich diesen übers Kinn. Wenn wir mit dem scharfen Rasierer spielten, sprach Oma nur: „Muesch halt uffbasse!“ Also aufpassen! Nicht zu vergessen die zwei Küchenschränke in der gegenüberliegenden Ecke. Schlichtes grau-weißes Furnier. Der Eine mit den „Flöckle“, Kölln Haferflocken, und dem Kaba, der andere mit den Keksen drinnen. Muss ich erzählen, weil lustig: Einmal, Oma wollte uns Kekse geben, aber andere waren schneller. Mäuse hatten durch die Rückwand ein Loch geknabbert und sich über die Kekse hergemacht. Als Tauschgeschäft hinterließen sie Mäusekegel. Da half auch der Kuckuck nicht, denn der schlief friedlich in seiner Uhr über dem Ort des Geschehens und erschien nur zur halben und vollen Stunde. Es sei denn, Oma drehte absichtlich an dem kunstvollen weißen Zeiger, um uns zu erfreuen. Da konnte sich so ein kleiner Kuckuck schon mal heißer schreien! Selbst um Vierzehnuhrundeinundvierzig. Schlicht war die Kuckucksuhr, das Holzgehäuse eingerahmt von stilisierten Eichenblättern. Oben saß ein großer geschnitzter Kuckuck drauf. Anschließend zog sie an den feingliedrigen Metallketten die zwei schweren gusseisernen Tannenzapfen wieder hoch bis zum Kuckucksuhrhäuschen. Für das Uhrwerk. Zusammen mit Oma war die Uhr ein Perpetuum Mobile. Ein Sprossenfenster über der Allzweckkommode warf Tageslicht in die Küche, in den Ort der Gemütlichkeit. Der Geborgenheit. Der Blick aus dem Fenster ging auf die Schloßstraße, links auf die alte Mühle, die Obere Mühle, und rechts auf den Felsen des Schlossberges, der steil ansteigt, hoch zur Hornberger Burgruine. Im Felsen steckte ein Rädchen aus Metall, Gegenstück zu dem, welches an Omas Fenstersims befestigt war. Über beide Rädchen lief die Wäscheleine, daran befestigte Oma geschickt mit bunten Klammern ihre frisch gewaschene Wäsche an der unteren Leine. Durch ziehen an der oberen Leine holte sie die Wäsche her, beziehungsweise schickte sie in Richtung des historischen Berges. Der Stromverbrauch zum Wäschetrocknen war gleich Null. Dass da auch große weiße Unterhosen, Pumphosen genannt, hingen, störte Oma nicht.

Vom Fenster aus ging der Blick auch auf einen großen Eingang in den hunderttausendjährigen Felsen. Den Eingang zum Schutzbunker des Zweiten Weltkrieges. Der Eingang hatte einen kleinen Felsvorsprung, das war unsere Kinderküche, dort haben wir kochen gespielt, mit Gras und Blättern und Blüten und Beeren und was wir so alles dort fanden.

Im Winter verfolgten wir Schneeflocken, Oma legte Vogelkörner auf den äußeren Fenstersims der Küche, so konnten wir zudem in aller Ruhe Vögel beobachten, während Oma erklärte, was das für welche seien.

Der Duft von Leberspätzle

Es war uns wie ein Festtag, wenn wir mit der verbeulten Milchkanne zur Molkerei geschickt wurden, die stand gleich neben unserem Elternhaus im Sägegrün. Gegenüber das „Spritzenhaus" der Feuerwehr mit dem hohen Turm, wo die Schläuche zum Trocknen hingen und wir Kinder am Tag der Offenen Tür in die roten Feuerwehrautos mit den langen Schnauzen und den riesigen Blaulichtern auf dem Dach steigen und eine Runde durch den Ort mitfahren durften, nachdem starke Feuerwehrmänner das alte Feuerwehrauto angeschoben hatten. Zum Haus der Oma waren es von besagter Molkerei dann nur wenige Kinderschritte. Eigentlich ein kurzer Weg. Wenn da nicht noch der Hackenjos gewesen wäre, ein kleiner Edeka-Laden, so ein Tante-Emma-Laden mit einem Emil hinter der Verkaufstheke. Neben der Türe der Drehständer mit den runden transparenten Plastikboxen. In den Plastikboxen kleine Colafläschchen, Gummiäffchen – in Rot, Grün oder Orange, und die Mäuschen aus irgendeinem gefärbtem Zuckerschaum. Kinderparadies. Das Rausgeld der Milch geopfert. Mit oder ohne Erlaubnis. Verpackt wurde in eine spitze, naturbraune Papiertüte, die Emil sorgfältig zu faltete und wir unsorgfältig schnellstmöglich wieder aufrissen.

Mit Glückseligkeit in den Augen und schwenkender Milchkanne ging es dann die Schloßstraße vor, vor zur Oma. Später stand dann auch der Milch-Tetrapack in Omas Kühlschrank, Beginn des Wohlstandmüllzeitalters, EU-Verordnungen und Zusatzstoffen. Und das Ende der kleinen Molkerei beim Spritzenhaus mit der frischen Schwarzwälder Milch.

Wie dem auch sei, mit der verbeulten Milchkanne angekommen, öffnete Oma ihren hinteren Küchenschrank und entnahm zwei Keramikschüsseln, Handarbeit, die sie eigens für uns beim „Keramik Hoffmann“, auch in der Schloßstraße beheimatet, gekauft hatte. Dann ging Oma an ihren vorderen Küchenschrank und holte die glitzernde gold- und blaufarbene Tüte mit den „Flöckle“ raus. „Kölln-Haferflocken“. Und natürlich die gelbe Box mit der Palme drauf und dem Kaba drin. Eine Zeremonie des Öffnens: Ein rechteckiger, an den Ecken abgerundeter Plastikdeckel, so zum mit den Fingerspitzen reinfassen, darunter Alufolie, an einer Ecke aufgezogen, dann hinein mit dem Löffel, hinein in das Kabapulver. Zum Schluss den Finger noch reingesteckt und abgeleckt. Im Schrank gab es zudem Fächer, in denen transparente Schuber steckten. Da war das Aurora mit dem

Sonnenstern drin und andere solche Sachen.

So war die Welt für uns in Ordnung. „Flöckle“ mit Kaba und frischer Milch. Und die Oma. Mehr hat es nicht gebraucht. Dazu dudelte Musik aus dem alten silbernen Kofferradio mit der langen, ausziehbaren Antenne, Schaub Lorenz. Klar, die Antenne haben wir Kinder früher oder später abgeknickt. Ich glaube, eher früher.

Irgendwann gab es dann „Hahn und Henne“-Schüsselchen. Da löffelten wir den Teller freiwillig leer, damit wir das schwarze Hühnerpaar am Boden der gelben, grün geränderten, Schüsseln finden konnten! So trickst man, beziehungsweise Oma, Enkel aus, den Teller leer zu essen. Man sagt, das ist noch heute so. 125 Jahre haben Hahn und Henne auf dem Hühnerbuckel. Paar Jährchen mehr, als Oma jetzt alt wäre. Vermutlich hatte sie als Kind selbst so ein Schüsselchen. Wenn Oma Leberspätzle gemacht hat, dann war die Welt nicht nur in Ordnung, sondern richtig heil. Nix vegan. Oma hatte einen Gasherd neben dem alten gusseisernen Holzherd stehen. Da ging das ganz schnell mit dem Feuer. Mit ihren bloßen, von Arbeit gezeichneten Händen, wälzte sie aus der gehackten Rinderleber, morgens frisch beim Wöhrle-Metzger in der Hauptstraße oder beim Metzger Herrmann in der Leimattenstraße eingekauft, kleine

„Würmle“. Das Mehl, Salz und Petersilie durften meine Schwester Vera und ich dazwischen streuen. Butter und Zwiebelchen in die alte schwere Pfanne, dann die Würmchen, schön dunkel anbraten – und schon wenig später stand ein Duft im Raum, der uns alles andere vergessen ließ. Dazu fein geschnittener Endiviensalat. Zum Abschmecken tunkte Oma den Finger in die Salatsoße und schleckte ihn ab. Siehe Kabadose.

In der Allzweck-Kommode lagen natürlich auch Schreibblöckle und Bleistifte. Dicke Bleistifte, so Zimmermannsbleistifte. Schwarz-gelb gestreift. Der Länge nach, versteht sich. Gespitzt wurde mit Omas Küchenmesser. Immer schön von der Hand weg. „Uffbasse!“ Auf das Papier hat dann jeder Stadt, Land, Fluss, Blume, Tier, und-so-weiter-und-so-fort geschrieben und Linien gezogen. Den Buchstaben aussuchen ging dann so: Einer hat im Kopf still das Alphabet gezählt, so gut es eben schon ging, schnell oder langsam, das wurde nicht verraten, bis ein anderer STOP gesagt hat. Und der Buchstabe war es dann. Vertrauensbeweis. Oder Vertrauensmissbrauch, wenn der Buchstabe grade für einen selber blöd gewesen wäre. Der erste, der fertig war, hat auch STOP geschrien, dann hieß es Griffel fallen lassen. Oder auch nicht. Oma hat extra langsam ausgefüllt, denn sie war ja eine Kreuzworträtselkönigin und mit Allgemeinbildung gespickt. Ohne Abitur. Wer hätte das auch bezahlen sollen? So haben auch wir schon sehr früh eine wunderbare Allgemeinbildung erhalten. Zugegeben, ich habe etwas gebraucht, bis ich eingesehen habe, dass Mailand eine Stadt und kein Land ist. Obwohl das da doch eindeutig steht. Wer braucht schon Google, wenn er eine Oma hat?

Opa

So ungefähr zehn lebenswichtige Dinge hatte Omas gute Stube, kurz „d' Stub'" genannt: Omas Sessel mit schlichten Holzarmlehnen am vorderen Kopfende des dunkelbraunen, glänzenden Tisches mit schwarzen Maserungen, zum Ausziehen, welcher mit einer Kurbel hoch oder runter gedreht werden konnte, mit so einem Ziehharmonikamechanismus, ihr wisst schon, ihr habt doch bestimmt auch so einen gehabt. Der Ölofen zur Linken des Sessels, mit dem langen Ofenrohr an der Wand hoch, mühsam trug Oma die volle Ölkanne aus dem Keller nach oben. Ferner stand in der Stube im rechten Winkel zur Oma das Sofa, also die Couch, für die Gäste, in dessen einen Ecke, zur Oma hin, die

Teekanne Platz fand. Diese stellte Oma hinter ein selbst besticktes und mit Goldkordel umsäumtes Kissen, hinten mit weichem dunkelgrünem Samt, so dass der Tee in der Kanne lange warm blieb. Ganz einfach. Am Couchende, in der Ecke, stand das alte holzverkleidete Radio, Telefunken, an welchem eine grüne Leuchtsäule nach dem Anschalten aufstieg und Betriebstemperatur anzeigte. Das lief eigentlich immer. Es sei denn, es gab in dem sehr massiven Fernseher in braunem Holzkasten mit nach außen gewölbtem Bildschirm auf einem Dreibeintisch ruhend etwas zu sehen und zu hören. Den mussten Vater und Onkel übrigens immer zu zweit in die Reparaturwerkstatt schleifen. Drei Fernsehprogramme stark, und alle mit dem schwarzen Querstreifen, welcher das schwarz-weiße Bild regelmäßig durchfuhr. Im Dritten war eine Dame zu sehen und zu hören, die Nachrichten vorlas. Sie saß an einem Tisch, auf welchem ein Würfel mit einer großen Drei drauf stand. Fertig war das Bühnenbild. Wenn nicht gerade Bonanza im Zweiten lief, der Löwe Clarence schielte, Barbapapa ulkte, Grzimek einen Affen auf dem Tisch sitzen hatte und vom fernen Afrika erzählte, oder ein Plüschbär seine Bärenmarke brachte. Es gab zwei Feiertage im Fernsehjahr der Oma: Fastnachtsfreitag mit „Mainz bleibt

Mainz wie es singt und lacht“ und das Skispringen an Dreikönig. Zum Umschalten musste man aufstehen und an den wenigen, schwarzen, gerillten Drehknöpfen spielen oder auch schon mal mit der Faust auf das Gehäuse hauen. Und wenn es ganz schlimm kam, auf den Dachboden klettern und mit der klobigen Antenne hantieren und dabei durchs Treppenhaus schreien. Neben dem Fernseher prangte eine riesige, hellblau gemusterte Porzellanvase mit künstlichen Sonnenblumen drin. In Erinnerung sind mir auch die Glasflaschen geblieben, die griffbereit neben Omas, in gefütterten Hausschuhen verpackten, Füßen standen; der Likör für die Oma und der gelbe oder süße Sprudel für die Kinder. Oder, igitt, der saure Sprudel. Für mich das Wichtigste aber war das Lammfell – dieses holte sich der kleine Enkel immer aus dem Versteck. Legte es zu Omas Füßen und sich selbst darauf. Und, im Winter, wenn es noch kalt war in der Stube, der Ölofen gerade eben erst angefeuert worden war, kam zusätzlich das alte „Öfele“ ins Spiel, modern mit Strom, klobig auf einem Dreiecksfuß stehend, drehbar, mit Propeller drin, AEG. Wenn man es einschaltete, wurde der Kreis an der Front des tragbaren, rechteckigen Gerätes rot, zeugte von der Wärme, die es ausblies, es roch nach verbranntem Staub. Oben zwei Schalter:

Aus, Stufe I, Stufe II sowie Rot und Blau – denn im Sommer war dies auch die Klimaanlage. Auf einem Regal stand so eine goldene Uhr in einem abnehmbaren Glas, oben so halbrund das Glas, mit vier Kugeln unter dem goldenen Ziffernblatt, die sich hin und her drehten. Auf dem Tisch mit liebevoll gesticktem Tischtuch war stets eine große Kerze – und wenn wir Glück hatten eine Kristallglasschüssel mit Naschereien. Oder noch besser, der große Glasteller mit Fächern, in jedem Fach lag etwas anderes zum Naschen.

Die gute Stube war geteilt durch eine schlichte, nachträglich eingezogene Wand mit Raufasertapete. Hinter dieser Wand stand Omas Bett und Kleiderschrank. Es konnte schon mal vorkommen, dass sie unvermittelt vom Sessel aufstand, mit den Worten „ich mach ä kleins Schläfle", und weg war sie. Ansonsten saß sie gerne auf ihrem Sessel, rieb sich nach dem Essen den Bauch und sprach – ich schwörs – „'s druckt uff d' Kuddle" (ich glaube, das kann man nicht übersetzen). Zur Verdauung gönnte sie sich ein Zibärtle, also „Verrisserle", das ausgetrunkene Schnapsglas rieb sie mit einem Finger aus und strich sich den Restschnaps auf die Schläfen. Für die Durchblutungsförderung.

Wie in der Küche, so auch hier: wenn der Tisch komplett ausgezogen und hochgekurbelt und beladen und die Couch brechend voll war, mit den Enkeln, Onkels und Tanten, also ihren Kindern und Kindeskindern, dann war sie glücklich. Und ich auch. Wir alle. Wie in der Küche, so auch hier, Omas Schrei, wenn jemand die Tür zum kalten Flur nicht gleich wieder zugemacht hat: „Loch zu, `s zieht!" Wegen dem Nierstück und so.

Für die Oma das vermutlich allerallerwichtigste war das Gemälde an der weißen Wand hinter ihr. Fürsorglich gerahmt. Es zeigte ihren Ehemann, meinen Opa, in Wehrmachtsuniform. Geopfert für das Vaterland. War aber nie Gesprächsthema. Davor saß die Oma, abgewandt, in ihrem Kleid, Blumenmuster, Rosa und Bordeauxfarben vorherrschend. Witt-Weiden. Darüber eine beige Strickjacke. Schöpflin. In ihrem Sessel. Jeden Abend. Im Rücken ein Kissen, „dass des Nierstück warm bleibt", siehe oben, und sie es „net ins Kritz griegt." Das Gesicht voller Wärme, würdevoll die schneeweißen Haare in Wellen gelegt, faltig die Haut, dunkel die Augen; über der Lippe eine Hasenscharte. Zu ihrer Kinderzeit, im Ersten Weltkrieg, hatten die Eltern andere Sorgen, als dies zu verschönen. Wenn sie laut schnaufte hörte sich das so lustig an, deswegen haben wir sie auch „Mietz" genannt.

Hinter der guten Stube, vorbei an Omas Schlafgemach, da gab es noch ein Zimmer, eine kleine Kammer. Da stand noch ein Bett. Nicht mehr und nicht weniger. Ein schönes Holzbett, vermutlich so alt wie Oma selbst. Darin durften wir als kleine Kinder bei Oma übernachten. Feiertag! Ins-kalte-Bett-kuscheln-und-warten-bis-es-warm-wurde-Tag. Denn Heizung gab es in dem Zimmer keine. Nur ein auf dem Ölofen warm gemachtes Kriesesäckle, also ein Säckchen mit Kirschkernen drin, und ein großer, nein riesiger, glatter, ovalförmiger Backstein, den sie ebenfalls auf dem Ofen warm gemacht hatte und der fast die ganze Nacht hindurch die Wärme im Bett hielt. Zuvor durften wir noch Sandmännchen guggn, das auf seiner Wolke angeflogen kam, bis Oma anschließend „ab ins Neschd" rief. Dann saß sie wieder alleine mit dem Rücken zum Opa und Blick zum Fernseher. Und schwieg.

Saß Oma bereits im Wohnzimmer, wenn man sie besuchen kam – was nahezu täglich war – so musste man sich im Gärtchen vor der Haustüre bücken, ein kleines Steinchen suchen und Oma an die Fensterscheibe werfen. Denn eine Klingel hatte die Wohnung nur in der Küche. Und die war weit weg, über den breiten Gemeinschaftsflur des Hauses.

Wehe, wenn ich Dich erwische!

Oma hatte einen ganz wunderschönen Schatz in der Nebenkammer auf einem Tischchen stehen. Etwas ganz Wertvolles. Etwas, mit dem Oma als Kind schon gespielt haben musste. Vorsichtig sein – und immer schön drauf aufpassen – eine Puppenstube! „Uffbasse!" Für die Jüngeren erkläre ich das kurz: ihr müsst euch das vorstellen wie eine übergroße Schuhschachtel aus Holz. Vorne und oben offen. An den Seiten eine Türe und ein kleines Fenster eingebastelt, mit feinen Vorhängen am Fenster. Liebevoll von Omas Vater, Uropa Anselm, einst „Schächtelemacher" in Lahr, in Handarbeit hergestellt, wie alles, was sich in dieser Puppenstube befand: Tapeten aus Stoff, ein Tisch, Stühle, von Hand a miniature gedrechselt, eine Kommode, ein Schrank, ein Sofa. Und: eine Standuhr – so eine kleine Filmkulisse für die sieben Geißlein und den bösen Wolf von den Gebrüdern Grimm. Wahre Liebe zeigt sich immer im kleinsten Detail. So wie in der Puppenstube. Das galt besonders für die zierlichen Puppen in ihren wunderschönen Kleidchen darin. Und da hat sich der Bubi, also ich, auch gar nicht geschämt, zusammen mit der Schwester damit zu spielen. Es gab ja schließlich auch Regentage im schönen Schwarzwald. Ach, wie der Regen auf der sommerwarmen Straße duftete und dampfte! Also: Oma mit Rehaugen anbetteln, dann die Puppenstube in der Stube aufstellen, meistens auf den Boden, davorlegen, glückselig, mehr brauchte es nicht. Abgesehen vom Oma-Tee. Später, als wir schon richtig groß waren, kam der böse Wolf dann auch zur Oma. In Form eines Hausierers, Vertreters oder von mir aus auch sogar in Form eines Antiquitätenhändlers. Bares für Rares. Auf jeden Fall hat er der Oma die wundervolle Puppenstube für 5 Mark abgeschwätzt und den großen, alten Schrank, vermutlich Biedermeier, gleich mit. Das war das wohl einzig Wertvolle, was Oma besaß. Außer ihrer Liebe. Das wusste sie aber nicht, das war ihr wohl auch egal. Steht ja eh nur im Weg rum, der Schrank, und die Kleinen sind jetzt groß. Für den bösen Wolf hatte das einst ein übles Ende. Und für den Antiquitätenhändler? Lieber Horst Lichter, wenn du das als junger Bursch warst, dann wehe, wehe, wenn ich dich erwische!

Ob Oma uns auch Geschichten vorgelesen oder erzählt hat, im Bilderbuch blätternd? Ich. Weiß. Es. Nicht. Mehr. Oh, Schande!

Badetag im Schulhaus

Omas Wohnung war, wenn man so will, dreigeteilt. Auf der Treppe im ersten Obergeschoss angekommen, ging es rechter Hand in die gute Stube und linker Hand über den Gemeinschaftsflur aller Bewohner, in Omas besagte und betagte Küche. Und neben der Küchentüre, da war noch eine Türe auf dem breiten Gemeinschaftsflur. Die Türe zum Klo. Eine winzige Kammer, ohne Heizung versteht sich. Kein Ort für Philosophie, ein Ort für schnelle Geschäfte. Ein großer Wasserbehälter oben an der Wand, eine lange Schnur zum Ziehen, eine Klopapierrolle oder auch alte Zeitung, eine Glühbirne an der Decke. Der Schlüssel so groß wie der zum Kellerverschlag. Und, ganz wichtig, ein Loch in der Decke für den Duftabzug. Fertig.

Und weil Oma, wenn sie nachts dringend aus dem warmen Bett raus musste, weil sie eben musste, über den kalten Gemeinschaftsflur nicht gehen wollte, hatte sie einen Eimer neben dem warmen Ölofen stehen. Da war Oma, zwei Weltkriege überlebt, sehr bodenständig und ohne Starallüren. Besonders im Winter war dies eine praktische Sache. Wir Enkelkinder waren da schon verwöhnter. Entweder haben wir durchgehalten, oder uns kalte Füße geholt. Als Mutter noch ein Kind war, aufgewachsen in eben diesem Haus, da war das Klo noch draußen im Hinterhof. Auch im Winter. Holzverschlag mit Plumpsklo. Das war richtig kalt. Aber das wäre eine ganz andere Geschichte.

Oma hatte nur ein einziges Waschbecken in der ganzen Wohnung. Zwischen Küche und Flur gab es nämlich noch einen einfachen Zwischenraum, den Vorratsraum. Immer kalt, weil auch ohne Heizung. Dort war ein kleines Becken an der Wand befestigt, aus Emaille oder Blech, ich weiß nicht mehr genau, ein zarter Wasserhahn aus Zink streckte sich aus der Mauer, vermutlich vom Grohe Hans aus Schiltach. Oben ein kleines Rädchen für Auf oder Zu. Von wegen Warm oder Kalt. Fließend warm Wasser und Raindance war noch weit entfernt, dafür hatte sie ihren alten Herd, der fast ständig unter Feuer stand und das Wasserschiff trug. Ja, und an dem Wasserhahn, da war ein langer, grüner Gummischlauch befestigt, dass es zum einen nicht so spritzte, ob der weiten Entfernung des Hahnes bis zum Becken. Und zum anderen, dass Oma den Wasserstrahl flexibel steuern konnte. Dieser Wasserschlauch ist meinen größeren Brüdern einmal zum Verhängnis geworden, denn damit kann man auch Feuerwehr spielen und die Kammer unter Wasser setzen. Heiße Ohren durch den Vater inklusive. Sagt die Legende, das war vor meiner Zeit.

Zum Geschirrwaschen hatte Oma dann zwei Plastikschüsseln auf dem Küchentisch stehen, auf welchem vermutlich schon meine Mutter gewickelt wurde. In einer Schüssel das erwärmte Wasser vom Herd mit dem Spüli oder Pril drin. Und in der anderen Schüssel das klare Wasser. So einfach war das. Uns Kindern drückte sie das Geschirrtuch zum Abtrocknen in die Hand. Ob es die gleichen Schüsseln waren oder andere, das weiß ich jetzt nicht – aber das war auch das Badezimmer für die tägliche „Katzenwäsche". Oma stand dann im Unterhemd vor der Waschschüssel und zog sich den Waschlappen unter den Achseln durch. Außer es war Samstag. Denn da war Badetag, da ging es vor in das alte prunkvolle, wilhelminische Schulhaus, im Keller war die öffentliche Badeanstalt zum Volksbaden, zur Volkshygiene. Kabine neben Kabine. Und davor eine lange Holzbank. Da saßen wir Kinder und haben gewartet, bis die Oma gebadet hatte. Es roch nach Kiefernadeln. Ein Dampf stand in dem Raum. Hausmeister Schuhmacher kümmerte sich mit beschlagener Brille um die Badenden. Wie genau, weiß ich nicht.

Und die Wäsche, also die Kleidung? Dafür hatte Oma

einen großen Topf auf dem Herd, darin die Wäsche und Omo. Oma stand davor, ein langer hölzerner Stock in der Hand, mit welchem sie in dem Topf rührte. Anschließend steckte Oma die klatschnasse Wäsche in die Schleuder in Form eines hochmodernen elektrischen Gerätes, auf schwäbisch „Apparätle“, so ein runder Kubus, ein Gerät mit Netzstecker, hüfthoch, rund 50 Zentimeter Durchmesser, oben mit Gucklochdeckel für Wäsche rein und raus, unten mit einem Abfluss, unter dem eine Plastikschüssel stand für das Abwasser. Ich vermute auch AEG, sonst gab´s ja nix nach dem Krieg. Und weil das Gerät beim Schleudern so wackelte, durfte eines von uns Kindern oben drauf sitzen als Stabilisator. Der Trockner war anschließend besagte Wäscheleine. Fertig.

Warum hat Oma eigentlich nicht bei uns Zuhause gebadet? Wir hatten doch schon eine Badewanne! Mich juckt und kratzt es heute noch überall, wenn ich daran denke, wie wir als Kinder nach dem heißen Bad in der hellblau gefliesten, also geplättelten, Badewanne – „Plantschi ist prima, Plantschi ist ne Wucht – mit Plantschi macht das Baden Spaß“ – in die engen roten Strumpfhosen und das enge Unterhemd schlüpfen mussten! Wo. War. Amnesty. International?

Kaugummiautomat und BILD-Zeitung

Schön war der Gang mit Oma zum nahen „Schweigerbeck“, also zur Bäckerei Schweiger am Eingang zur Schloßstraße, heute ein Neubau und Gästehaus vom Tannhäuser. Der Schweigerbeck hatte so leckere Schneckennudeln mit Rosinen und dick Zuckerguss oben drauf, so herrlich zum Abwickeln beim Essen. Bloß nicht den Zuckerguss abbröckeln lassen und verlieren! Noch schöner: der Kaugummiautomat am Nachbarhaus. So ein roter Kasten. Mit Schaufenster, um all die bunten Verführungen sehen zu können, darunter ein Schlitz für das Zehn-Pfennig-Stück, ein kleiner Griff zum Drehen, und wiederrum darunter das Ausgabefach mit Klappe. Gütig legte Oma uns eine Münze in die Hand. War Oma nicht dabei und niemand beobachtete uns, so war es ein Riesenspaß in den Ausgabeschacht zu spucken. Lacht nicht – ihr wart genauso, gell! Vielleicht gibt es deswegen heute keine Kaugummiautomaten mehr und stattdessen viele Lebensmittelverordnungen. Wer weiß das schon? Und überhaupt: MAOAM kam erst etwas später, aber gewaltig. Gewaltig an den Zähnen klebend. Den „Stulzebitzer“, also Zahnarzt Stulz, hat´s gefreut. Auf seinem Sitz wurden wir Kinder noch kleiner. Mit oder ohne Amalgamfüllung. Da half auch das geschenkte Spielzeug danach nix.

Vom Schweigerbeck ging der Blick auf die große, rote, dreieckige DUGENA-Uhr am „Fanti“ über die Straße hinweg; Fanti, weil da vor dem Uhrenladen der Apotheker Fanti drin war. Dann machten wir meist noch einen Abstecher zum „Papierschröder“ gegenüber, bei der Schröderbrücke, also eigentlich Stadtbrücke, aber weil da der Schröder sein Geschäft hatte und noch heute hat, hieß und heißt die Schröderbrücke. Und das, obwohl das Geschäft Aberle hieß und heißt. Das muss was mit Tradition und Herkunft zu tun haben. Auf jeden Fall stand da der BILD-Zeitung-Automat an der Straße. Plastikdeckel auf, zwanzig Pfennige in den Schlitz und Zeitung raus. So haben es zumindest die Ehrlichen gemacht. Oma interessierte eigentlich nur das Kreuzworträtsel in der Zeitung. Hornberg war ja weit weg von der weiten, bösen Welt. Glaubte ich jedenfalls. Und in die ist sie nie gefahren. Und schon gar nicht geflogen. Einmal in der Woche kaufte Oma die TV Hören und Sehen – da war hinten immer das Suchspiel mit der versteckten Maus drin. Mit der zusammengerollten TV Hören und Sehen hat Oma dann auch die Fliegen in der Wohnung gejagt. Hatte ja alles einen Mehrfachnutzen.

Omas Wunderkiste

Oma hatte nicht nur für die Wäsche ein Rädchen, da war noch ein weiteres Rädchen am Haus, ganz weit oben unterm Dachgiebel, und auch noch einen weiteren Raum: „D′ Biehne“, sprich der Speicher unter dem Dach, der Dachboden. Und beides gehörte unwillkürlich zusammen. Rädchen und Speicher. Denn einmal im Jahr kam der Herr Lauble zur Oma. Das war ein richtiges Original. Ein alter Mann mit Schaffkittel, also blauem Anton, also Arbeitsmantel. So originell der Mann, so originell sein Gefährt. Ein Gestell mit vier Rädern und einem gebogenen Blechdach darüber, dazu ein Fahrersitz Marke Bulldog und ein Lenkrad auf einer langen Lenksäule. Auf dem Gestell waren die Säge und ein Holzspalter angebracht, welche mittels eines breiten Lederriemens angetrieben wurden, mit dem gleichen Motor, der das Gefährt auch auf Schrittgeschwindigkeit brachte. Zum Anlassen hatte Herr Lauble eine große Kurbel. So kam der Herr Lauble zur Oma getuckert und war dabei im ganzen Städtle zu hören. Oh Langsamkeit! Bei der Oma wartete schon ein riesiger Holzhaufen vor dem Haus darauf, von seinem Vehikel klein gemacht zu werden. Mächtig war das Sägeblatt, das unaufhörlich hoch und runter ratschte, der Herr Lauble schob von Hand Holzstück für Holzstück dazwischen. Ob er noch alle Finger hatte, weiß ich nicht mehr. Ein langer Auspuff, gleichsam einem Schornstein, blies den Grobstaub in die Luft. Ein Duft von frischem Holz und Abgasen hing in der Luft. Danach, also nach dem Ketterer-Bier für den Herrn Lauble, kam dann auch das Rädchen ins Spiel, das hoch oben am Dachfirst befestigt war. Für die Seilwinde, um das viele Holz nach oben zu ziehen. Von Hand versteht sich. Nix Elektromotor und so. Dazu hatte Oma einen Weidenkorb mit Weidenhenkel, am Weidenhenkel das Hanfseil, welches über das Rädchen führte. Onkel Siegfried und Onkel Bruno sowie Vater waren da, und meist auch meine großen Brüder Jörg und Helmut. Diese durften – oder mussten – die Körbe füllen, während die Großen den schweren Korb nach oben zogen oder oben entgegennahmen. Die Aufgabe meiner Schwester Vera und mir bestand hauptsächlich darin, nicht im Weg herumzustehen.

Wenn der Korb oben angekommen war, dann begann die Arbeit erst so richtig. Denn der Korb war noch nicht am Ziel. Dieser musste zunächst ins Haus geschwenkt und von dort auf einer schmalen, steilen Holztreppe, vielmehr Leiter als Treppe, ganz nach oben unter das

Dach getragen werden. Unter dem Dach wurde das Holz noch fein säuberlich gestapelt. Das konnte dann auch schon mal unsere Arbeit sein. Zumindest solange, bis wir herausfanden, dass dumm anstellen Mühen erspart.

Vom Dachspeicher begann das Jahr über der alltägliche Kreislauf des Holzes. Das Holz wanderte bedarfsweise von dr′ Biehne in die Küche für den Holzherd. So wie die vollen Körbe die letzten Stiegen hochgetragen wurden, wurden sie einzeln wieder fast das gesamte Treppenhaus nach unten zur Oma getragen. Der Job für meine Onkels oder großen Brüder. Das Holz kam in die große, weiße Kiste neben dem gusseisernen Herd. In Omas Kiste. Für uns Kinder eine Wunderkiste. Omas Wunderkiste. Denn zwischen dem vielen Brennholz fanden wir immer wieder auch glatte, runde Holzstäbe. Ideal, um darauf ein Gesicht zu malen und Haare, also Gras, darauf zu kleben. Den Kleber, also den bäbbigen PRIT-Stift und die Buntstifte dazu holten wir aus der Wunderschublade der Allzweckkommode. In der weißen Kiste waren auch die „Fohrebobbele“ und „Bengele“ aus dem Storenwald.

Von Bobbele, Bengele und Bänkle

Oma ging für ihr Leben gerne spazieren, Oma hatte auch keinen Führerschein. Sie war ja schließlich eine Frau. Das kam ja sogar im Fernsehen im ersten Programm, öffentlich-rechtlich, im „7. Sinn", dass Frauen nicht Autofahren können und sollten. Die schauen eh nur in den Schminkspiegel und bleiben mit ihren hohen Absätzen am Pedal hängen. Hätte Oma einen Führerschein gehabt, wären wir trotzdem gelaufen (im Schwarzwald nennt man alles, was nicht gerannt ist, gelaufen; so auch ein Spaziergang mit der Oma). Mal ganz davon abgesehen, dass Oma keine Schminke und schon gar keine Schuhe mit hohen Absätzen besaß. So ein Spaziergang hat Oma „Bänkle-Tour" genannt, denn wir gingen von Ruhebank zu Ruhebank, kurz „Bänkle", damit Oma sich ausruhen konnte – in Hornberg geht es ja fast überall bergauf und bergab.

Die Schloßstraße ein Stück aufwärts spazierten wir in Richtung Storenwald. Vorbei an einem uralten Haus, ein Mühlrad lehnte noch an der Hauswand unter einer maroden Holztreppe, die in das bewohnte Haus führte. Eine Wäscherei, so die Erinnerung, mit einer der ersten Wasserturbinen im Schwarzwald. Vorbei auch an meinem

Elternhaus auf der anderen Seite des Gewerbekanales und des Offenbächle, welches aus dem Offenbachtal gen Gutach fließt; und nicht zu vergessen vorbei an den Wellblechbaracken der italienischen und spanischen Gastarbeiter für die nahe Steingut. Die Gastarbeiter waren „Dschingele". Vater hat sie so genannt, nach dem Krieg war er in Südtirol zum Klettern gewesen, dort muss er das wohl aufgeschnappt haben. Ihr wisst schon, Italianisierung der Tiroler und so. Herkunftsraub.

Der Storenwald ist, wie der Name schon sagt, ein Wald. Aber nicht irgendeiner. Er war für uns ein Märchenwald. Im Storenwald hatte und hat die romantische Hornberger Freilichtbühne, gleichsam einer Märchenbühne, ihre Heimat, dazu später aber mehr, jetzt geht es um den Storenwald. Vor der Freilichtbühne führte ein „Zick-Zack-Weg" hoch, hinein in die Mystik des Waldes. „Gummiweg" hat die Oma diesen „Trampelpfad" genannt – weil die Tannennadeln darauf so schön weich unter den Füßen federten. Im Storenwald gab es viele herrliche Bäume. Hoch die Stämme, grün die Baumkronen. Tannen, Fichten, Kiefern, Eichen und so. Oma hat alles erklärt, während wir uns Ahornflügelchen auf die Nase steckten. Das Licht brach sich in den Blättern. Im Storenwald sammelten wir kleine Äste, also besagte

„Bengele“ und die Schwarzkiefernzapfen, sprich „Fohrebobbele“. Klebrig waren diese kleinen Zapfen manchmal. Klar, vom Harz, wie Oma erzählte. Lustig waren die von den Eichhörnchen abgenagten Tannenzapfen, die am Boden lagen. Besonders hatten wir es aber auf die dicke Baumrinde der Kiefern abgesehen. Denn wenn die fleißigen Waldarbeiter wieder einmal Bäume gefällt hatten, dann lagen da allerlei große Rindenstücke am Weg. Und daraus konnte man so wunderbare Boote schnitzen. Oma saß auf einem Bänkle, während wir uns anschließend ins weiche Moos setzten und unsere Sammlung sortierten. Wer hat das größte Bootle finden können? Dieser Duft von Moos! Dieser Duft von frischer Rinde! Dieser Duft von Harz! Dieser Duft von Wald!

Am Schweigerbeck seine Papiertüten

Oma hat ja nie etwas weggeworfen. So auch nicht die Papiertüten, sprich Papiergugg, vom Schweigerbeck, vom Wöhrlemetzger, vom Hackenjos. Denn in diese Guggn, also Tüten, kamen jetzt die Rindenstücke, Fichtenzapfen, Bobbele und Bengele. Und was wir sonst noch so im Wald fanden und für mitnehmenswert erachteten. Also, so ziemlich alles. Es lag ja auch so viel Schönes im Wald herum: Federn, Wurzeln, Blätter, Eicheln mit Hütchen auf, bunte Steine, und-so-weiter-und-so-fort. Und manchmal auch der Müll anderer Leute. Leere Sunkist-Dreiecke zum Beispiel. Das „Röhrle", also der Strohhalm aus Plastik, steckte noch in der Pyramide. Ach, dieses Röhrle. Geknickt und gestaucht in einem Plastikschlauch klebte dieses fest auf dem neuen vollen Sunkist-Dreieck, so eine Art Dreieck-Tetrapack. Also erst mal das Röhrle samt Plastik abfummeln – ohne zu knicken versteht sich – und das Röhrle befreien, das an einem Ende angespitzt war. Die Spitze war ja auch wichtig, um in das vorgesehene Loch stechen zu können, um an das Trinken zu kommen. Orange. Apfel. Zitrone. Ach ja. Und dann, wenn das Sunkist-Dreieck leer war: aufblasen, draufhopsen und knallen lassen. Ach ja. Seufz.

Zuhause in Omas Küche kamen Zapfen, Bengele und Bobbele schnurstracks in die Wunderkiste und genauso schnurstracks öffneten wir die Schublade der Allzweckkommode daneben, denn da war auch ein Schnitzmesser drin. Für die Bootle. „Immer von der Hand weg schnitzen", Omas Ratschlag, ansonsten ließ sie uns einfach machen. „Learning by Doing“, heißt das auf neudeutsch. Unsere ganze Kindheit bestand aus Learning by Doing. Hat ja auch geklappt, es sind auch heute noch alle Finger dran. „Muesch halt uffbasse!“ So wurde aus der unförmigen weichen Rinde ein formschönes Boot, innen noch etwas ausgehöhlt, mit Sitzbank, denn da kamen manchmal ja auch noch Männle, m/w/d versteht sich, rein, also „Fohrebobbele“ aus Omas Wunderkiste oder die gesammelten Eicheln mit lustigem Hut aus der Tüte vom Schweigerbeck. Ging beim Schnitzen etwas daneben – nur ein Versuch an der kostbaren Rinde – und das Boot war verloren, dann gab es Tränen. Und Trost von der Oma. Vater hat uns Zuhause noch einen Handbohrer gegeben, so konnten wir zusätzlich einen Mast setzen. Fertig. Stolz das Gesicht.

Die nächsten Tage. Wir konnten es kaum erwarten, bis es mit Oma wieder in Richtung Storenwald ging. Nach der Freilichtbühne plätscherte idyllisch ein Brunnen am Waldrand, an der Front das Hornberger Hörnerwappen aus dem Stein gehauen. Im Steintrog konnten wir unsere Boote einem ersten Test unterziehen, bevor es an die Rennstrecke ging. Am Brunnen stand auch ein Bänkle für die Oma zum Ausruhen. Denke ich an Oma, denke ich an die vielen Hornberger Bänke. Meistens rot gestrichen. Mit Messingschildchen vom Spender.

Die Bootle-Rennstrecke führte vom nahen Schlossweiher hoch zum ersten Parkplatz vor dem „Schloss". Dort, wo ganz früher die Ställe für die Pferde standen, so Omas Erzählungen. Oder besser gesagt, die Rennstrecke war andersrum, von oben nach unten. Neben der Straße war eine Rinne, ein kleines Bächle sozusagen. Ideal also. Oma wartete im Ziel am Weiher auf einem weiteren Oma-Bänkle, wir sind alleine hochgerannt. Kam ja nahezu nie ein Auto. Unvergessliche Tage waren es im Herbst, wenn die Cousinen aus Hamburg da waren, die Susi und die Steffi. Dann waren die Rennen ganz besonders spannend.

Am Offenbach, der vom Schlossweiher wieder abfloss, gen Städtle, da standen Haselnussbüsche. Die noch weißen Nüsse gepflückt, meistens im Doppel oder auch mehr, an grünen Blättchen, auf die Straße gelegt und draufgehopst, um diese zu knacken, oder Zuhause einzulagern, bis die harte Schale rotbraun war, um sie zu Advent mit viel Kraft und Technik zu knacken und dann mit Omas am Küchentisch festgeschraubter Handkurbelmühle fein zu mahlen für die „Weihnachtsbredle", obendrauf eine ganze Haselnuss. Hmmmmmm.

Mit zunehmendem Alter stapelten sich die Bootle in

Omas Vorraum zur Küche, dort wo auch die Ketterer-Eimerle standen. Bloß nichts wegwerfen!

Opel Rekord und Omas Brombeerlikör

Wieso stapelten sich da Ketterer-Eimerle? Also, der Reihe nach. Ketterer-Eimerle sind kupferne, kleine Gefäße mit Henkel, so kleine Kübel, wo die alten Herren in der Wirtschaft ihr Glas Bier vom Ketterer wärmen konnten. Ketterer-Eimerle halt, weil da war ja auch das Landsknecht-Logo vom Ketterer seinem Bier drauf. Diese Eimerle brauchten wir nämlich zum Heidelbeeren sammeln. War ja ganz praktisch so ein Eimerchen mit Henkel. Klar: Im Storenwald haben wir gesammelt. Eigentlich war der Storenwald ein Heidelbeerwald. Ja, so könnte man es auch sagen. Neben Moos gab es Heidelbeerhecken am Boden. Heidelbeerhecken, wohin man schaute. Zum dahinter Verstecken oder zum Beeren naschen. Blau, zart, köstlich die runden, gesunden Beeren. Eimerchenweise. Vor allem gab es im Storenwald nicht so viele Schwaben wie auf dem Fohrenbühl, welche nicht mit den Fingern pflückten, sondern mit der Raffel, so ein Drahtkamm mit hölzernem Auffangfach. Klotzen, nicht kleckern. Das mochte Oma gar nicht. Nicht mal Vater, der Schramberger Schwabe, mochte das. Das verbat die Heidelbeerpflückerehre. Und die Natur. In Omas Küche kamen die Heidelbeeren in die Schälchen – die selben wie für die Kölln-Haferflocken – Oma gab einen Schuss Kondensmilch und etwas Zucker darüber. Fertig waren die zufriedenen Kinder. Ohne Playstation und Smartphone. Die restlichen Heidelbeeren landeten auf einem Kuchen – darauf dick Schlagsahne. Die Sahne mühsam mit dem Handrührer geschlagen oder vielmehr gedreht, weil: da musste man unendlich lange, also un-end-lich-lange an einer Kurbel drehen, damit sich die zwei Mixer unten am Handapparätle in der Sahnemilch genauso un-end-lich-lange drehten, bevor daraus die steife Schlagsahne wurde. Hart erarbeitet also, dies ersparte das Kalorienzählen.

Den Heidelbeeren folgten die Himbeeren und die Brombeeren. Der arme Herr Ketterer hatte sich schon daran gewöhnt, dass die Kupfereimerchen fehlten, denn die stapelten sich ja bei der Oma. Im Vorraum zwischen Flur und Küche. Wie alles, was wir anschleppten und bei der Oma lagerten. War ja ein Vorratsraum.

Mit den Eimerchen bewaffnet ging es auch zu den Himbeerhecken. Da war dann auch Vater mit, denn wir mussten fahren. Mit dem alten, damals neuen, Opel Rekord C, rot mit schwarzem Vinyldach. 1900 L. Gangschaltung, Automatik war was für alte Herren, so der Vater. Die Dreiecksfenster vorne eingeklappt für frischen Fahrtwind ging es los. Das Lenkrad mit gelöchertem Lederband umwickelt, wegen schwitzig rutschiger Hände und so. Mit Wackeldackel und umhäkelter Klopapierrolle auf der Ablage versteht sich, man konnte ja nie wissen. Nicht zu vergessen, das selbstgenähte Kissen, mit dem Kennzeichen drauf, WOL-W 609, und dem Verbandszeug drin, vor allem die Pflaster für die Kinder. Superklasse die ausziehbare Armlehne in der Rücksitzlehne des Opel, da konnten wir so schön unsere Köpfe in das Loch reinstecken. Wenn wir stattdessen den Wackeldackel nicht malträtierten und ihm den Kopf aus dem Körper zogen, was immer noch besser war, als unsere Köpfe aus dem heruntergekurbelten – so eine silberne Kurbel mit schwarzem Knopf, der sich drehte – Fenster zu streckten, weit hinaus, dass es nur so in den Ohren flatterte, denn das missfiel Vater nämlich sehr. Das Himbeeren pflücken war auch die Chance uns an den Schwaben zu rächen, denn die besten Himbeerhecken gab es seinerzeit im schwäbischen Lauterbach; im Sulzbachtal, um genau zu sein. Da wohnten die mit den roten Socken und den rot karierten Hemden. Ein Paradies aus roten Beeren! Zuvor lehrte uns Vater den Blick, ob in den gezupften Früchten auch keine kleinen, weißen Würmchen steckten. Zumindest in denen, die wir sofort vernaschten. Bei denen für das Eimerchen war es egal. Denn aus diesen hat sowohl der Vater als auch die Oma Marmelade gemacht. Das haben die Würmchen beim Kochen nicht überlebt. Vielleicht sind sie auch an der Überdosis Marmeladenzucker gestorben, die Oma oder der Vater in den Topf zu den Beeren kippte. Gekocht wurde in für uns Kinder riesigen silbernen Aluminiumkochtöpfen. Mit Schürze um den Bauch standen Oma und Vater am Herd und haben in den Töpfen gerührt. Ob das der Topf und der Stock für Omas Wäsche war? Auf jeden Fall wurden anschließend mit der dampfenden Marmelade die Gläser gefüllt, in denen einst die Gurken waren. Bloß nix wegschmeißen! Was ein Duft und Dampf im Küchenraum!

Bevor ich`s vergesse, muss ich schnell erzählen, apropos Opel Rekord. Vater hatte mal die großen Buben zum Pflücken mitgenommen und danach ins Wirtshaus Lamm. So weit, so gut. Im Lamm hat Vater dann gemeint, er muss denen auch ein Bier hinstellen. Zum Dank hat einer von den Buben – ich sag jetzt nicht welcher – dem Papa auf der Heimfahrt ins Genick gekotzt. Ging ja noch ganz einfach damals, da waren ja noch keine Nackenstützen im Weg. Hätte er mal lieber mich mitgenommen! Das mit den fehlenden Nackenstützen hatte natürlich noch einen weiteren erzieherischen Vorteil zwecks Bewegungsfreiheit, also für uns Kinder einen Nachteil: „Ruh´ da hinten oder ich lang hintre!" Mobile Backpfeifen sozusagen.

Noch wichtiger waren uns Brombeeren. Das Pflückerlebnis war das gleiche, nur stacheliger an den Zweigen. Der Mund, die Zunge und die Hände genauso blau wie bei den Heidelbeeren. Der feine Unterschied daran war jedoch Omas Rezept. Das Rezept des Brombeerlikörs. Oma hatte vierkantige, geschliffene Flaschen, da kam er rein und da war er drin. Verschlossen, bis zu den besonderen Momenten! Wie bei dem Rum zum Tee, also nur wenn Vater und Mutter nicht dabei waren.

Die Eimerle konnten wir natürlich auch zum Kirschenpflücken gebrauchen. Dazu ging es nach Gutach, zum „Lehmebur", dem Lehmannsbauernhof, einem stattlichen Schwarzwaldhof mit allem Drum und Dran, auch Kirschbaumwiesen. Mein großer Bruder Jörg bussierte dort zu jener Zeit mit der Tochter, der Lehmann Renate, wie es Onkel Siegfried sagen würde, deshalb gehörten auch wir zur lieben Familie. Und weil das keine gezüchteten Kirschbaumplantagen waren, standen die knorrigen Bäume nicht in Reih und Glied, sondern an den Steilhängen inmitten der Streuobstwiesen. Welch saftige Kirschen, welch ein Genuss! Nix Supermarktimport und so. Doch davor stand die Arbeit. Harte Arbeit. Hoch zur Wiese ging es zunächst ja noch auf dem seitlichen wackligen Kindersitz, also gebogenem Blech, über dem riesigen Hinterrad des Bulldogs, also Traktors. Oben angekommen stellten der „Lehmebur", oder auch der große Bruder, die langen Holzleitern geschickt an den Baum, dann ging es hoch hinaus, eine Hand am Eimerle, die andere an der Leiter, Stufe für Stufe, eine wacklige Sache. Gleichgewichtssinn trainieren. „Muesch halt uffbasse!" Oben angekommen, einen sicheren Stand suchen, denn nun brauchte man eine Hand für die Kirschen und die andere für das Eimerle. E sei denn wir fanden einen kurzen Ast, an welchen wir das Eimerchen sicher (oder auch nicht) hängen konnten. Und zwischendurch natürlich auch eine Hand dafür, diese zum Mund zu führen, oder zwei Kirschen, die am Stengel verbunden waren, über die Ohren zu ziehen. Klar, das Kirschsteinweitspucken durfte auch nicht fehlen. Aber wir waren ja nicht zum Vergnügen da, denn der Auftrag lautete: beim Pflücken helfen, das volle Eimerle in die großen Körbe umfüllen, und gleich wieder hoch auf die Leiter. Warm war es, um nicht zu sagen heiß. Aber half alles nichts, die Kirschen mussten runter, sonst wären sie am Baum verfault, alle konnten die Vögel ja auch nicht holen. Herrn Lehmanns Kühe schauten uns mit ihren treu-doofen Augen zu. Der Oma haben wir natürlich ein Eimerchen voll süßer Kirschen mitgebracht. Für die Kerne nähte Oma Wärmesäckchen. Bloß nix wegwerfen! Vater hat sich dann später im Jahr das Kirschwasser geholt. In einer großen bauchigen Flasche mit Henkeln, die unten umflochten war.

Das DAS-Blechschild

Mit dem Opel Rekord konnte man übrigens auch in die große Stadt fahren, um Vera eine Jeans zu kaufen. Eine Jeans an sich war ja schon was Besonderes, aber es musste eben diese Jeans, also genau diese Jeans sein, diese mit dem weißen Streifen an der Hosennaht von ganz oben bis ganz unten, Beginn des teuren Modetrends am Arsch, drunter fing die Schwester auch gar nicht an ihr trotziges Gesicht aufzugeben. In der Stadt, da gab es ein großes Kaufhaus, nachdem wir schon vergebens im Städtle, sowie in Hausach, Haslach und in Wolfach geschaut hatten. Irgendwie muss man den Tag ja rumkriegen. Wir haben in der Stadt dann auch so eine doofe Hose gefunden. Für den Bubi gab's neue Schuhe. Wenn wir schon mal da sind. Zwei Fliegen mit einer Klappe. Blöd nur, dass es in dem Kaufhaus auch eine Rolltreppe gab! Hallo! Eine R-O-L-L-Treppe! Was für eine Sensation! Und vor lauter Rolltreppe fahren hat der Bubi dann auch seine Tüte, die mit den neuen Schuhen drin, irgendwo hingestellt. Und vergessen. War es halt doch nur eine Fliege in der Klappe. Shit happens.

Mit dem Opel Rekord ging Vater da schon mehr auf Nummer sicher – das samstägliche Waschen mit dick Seife am Straßenrand und das Polieren der Chromstoßstangen sollte ja nicht vergebens sein. Also bekam der Opel auch ein glänzendes rundes Blechschild. Außen mit goldenem Ährenkranz, innen rund und königsblau. Das Wichtigste aber waren die drei goldenen Buchstaben darin: DAS. Und dieses runde Schild nagelte der Vater, der sein Auto so unendlich liebte, doch tatsächlich mit feinen Nägelchen hinten an seinen Opel Rekord ins heilige Blechle. Gleich neben dem Nummernschild, welches man zum Tanken nach unten klappen musste. Die Botschaft: „Uffbasse! Ich bin bei der DAS Rechtschutzversicherung“! Und weil Mutter bei einem illegalen Fahrversuch auf einsamer Schwarzwaldhöhe das Gaspedal mit dem Bremspedal verwechselte, war das mit dem Führerschein für sie ohnehin durch. Recht hatte er, der 7. Sinn. Dafür wurde dem Fahrer für die Schärfung der Sinne ein Bier zum Fahren empfohlen, was Vater auch nicht ablehnte, er glaubte den Medien.

Vom Schloss und vom Rosengarten

Der Hornberger Schlossberg, stolz über der Stadt – mein Kindheitsberg: die Kastanienbäume, die Schaukel, die Wippe, die Höhle, das große Holzzügle, die Kletterpyramide, Omas Rosengarten, das Burgrondell, die Alarmsirene, das Schlosshotel, das „alte“ Schloss, der Pulverturm – auf einem Fels erbaut, sowie auf einem weiteren Fels gegenüber der Turm der Burgruine, sprich der jahrhundertealte Bergfried, in dessen Eingang die Eistruhe von Frau Stempel stand. Und natürlich Frau Stempel herself auf ihrem wackligen Stuhl, die sich immer freute, wenn Kinder kamen. Von ihr erhielten wir dann ein Eis oder eine Libella, dieses fröhliche Fruchtsaftgetränk in der geribbelten, braunen Flasche. Oma hatte immer ihr kleines Portemonnaie in der hellbeigen Lederhandtasche, halbrund war es aus dunkelrotem Leder. Oben mit goldener Fassung, daran zwei Verschlüsse mit runden Kugeln am Ende, die sie zum Schließen oder Öffnen gegeneinanderdrückte. Darin die Münzen, welche sie uns in die kleinen Hände legte, für die Frau Stempel. Oder den Kaugummiautomat beim Schweigerbeck. Auf dem kleinen Vorhof, hoch oben beim Eingang in den Bergfried standen Tische und Stühle, da ruhte Oma sich aus, während wir unser Eis schlotzten oder lautstark den finsteren Turm bestiegen. Derweil suchte der Mann von Frau Stempel, quasi Herr Stempel, Mineralien rund um den Schlossberg und hat auch welche gefunden.

Zur Zeit meiner allerersten Erinnerungen stand auf dem Schlossberg noch das „alte Schloss" vor dem Bergfried auf dem Plateau, zur Stadt hin. Ehemals Kaserne der Württemberger, umgebaut in ein barockes Gebäude mit zwei schmucken Zwiebeltürmen, mittiger Dachterrasse und verzierten Balkonen zwecks Aussicht genießen, Alterssitz der Fürstin zu Thurn und Taxis, unzählige Promis hatte es beherbergt. Später auch die Nazis. Die Legende sagt, Himmler soll auch dort gewesen sein und soll sich mutig in einem der Tunnels der Schwarzwaldbahn versteckt haben lassen, wenn Fliegerangriffe kamen, das Viadukt war ja ein beliebtes Ziel. Derweil deckten Hornberger Bürger das Viadukt mit Bäumen ab, damit die Flieger das nicht erkennen. Hat ja auch ganz gut geklappt. Aber das wäre eine ganz andere Geschichte. Habe ich ja auch erst viel später erfahren. Was man halt so erfährt. Oder auch nicht. Aber das einst stolze Barockschloss war baufällig, der Zahn der Zeit, der Zahn des Nichtstuns. Deswegen wurde es in den Siebzigern auch abgerissen, bevor es auf die Stadt fallen würde. Nix Denkmalschutz und Sanierung und so. Siehe katholische Kirche. Zum Gehweg hin, zwischen Barockschloss und Bergfried, da gab es eine Art Rampe am alten Schloss. Darauf sind wir Kinder geklettert, oben entlang gegangen, die Oma hat unsere Hand gehalten. Am Ende der Rampe ein mutiger Sprung in die Tiefe. Das Barockschloss hat da auch schon ziemlich alt gemuffelt. Die Legende sagt zudem, dass meine großen Brüder auch *im* abgesperrten, einsturzgefährdeten alten Schloss herum geklettert sind. Aber auch das ist nur eine Legende – sonst hätten sie vom Vater ja den Frack vollgekriegt.

Auf den Schlossberg führten mehrere Wege: zum Beispiel der steile Zick-Zack-Pfad, „Adlerweg“ genannt, weil er mitten im Städtle am „Hotel Adler“ begann. Und noch immer beginnt. Den sind wir aber meistens hinunter gegangen. Aufwärts ging es durch den Storenwald, vorbei am Schlossweiher, wo wir die Forellen fütterten, mit dem Brot aus der Papiertüte vom Schweigerbeck, dann entlang unserer Bootle-Rennstrecke bis zum heutigen Schlosshotel, im Volksmund das „neue Schloss“ genannt, im Jahr 1897 erbaut, welches seinerzeit aber gerade im Dornröschenschlaf lag.

Oma liebte die Rosen auf dem Schloss („auf dem Schloss“ ist übrigens hornbergerisch für „auf dem Schlossberg“). Die Rosen im Park auf dem Schloss. Der ursprüngliche Rokoko-Park mit dem lustigen hellblauen Springbrunnen mit dem stilisierten Fisch und den mächtigen Bäumen. Am Ende dieses Parkes blühten porote Rosen, die sich märchenhaft über das runde Portal rankten. Vor allem aber liebte Oma die Rosen im „Rosengarten“, welchen Gärtner Kutzerra pflegte. Der hieß nicht wirklich so, Oma hat ihn so genannt. Also den Garten, nicht den Gärtner. Unterhalb des Pulverturmes der Burganlage führte ein kleiner Rundgang um den Felsen, der die Alarmsirene trug und durch dessen Bauch eine geheimnisvolle Höhle führt. Und zu Beginn dieses Weges waren zahlreiche Rosenbeete angelegt. Deswegen ja auch „Rosengarten“. Oma roch an den duftenden Rosen, setzte sich auf die Bank in die Sonne. Und war glücklich und zufrieden. Sie wartete auch nicht auf einen Märchenprinzen, stolzen Ritter, oder gar Minnesänger Bruno von Hornberg, Spezi vom Walther von der Vogelweide, der war ja auch schon sechshundert Jahre tot, sie war einfach nur zufrieden. Glaub ich. Manchmal las sie einen Arztroman. Wir tobten uns derweil aus. Rennend um den Felsen, durch die Höhle, Mutprobe. Das erste Mal ängstlich, zukünftig laut schreiend, dem Echo horchend. An einer Seite war ein Loch im massiven Stein – da steckten wir unsere Köpfe durch.

Vom Felsen, gegenüber des Pulverturmes, in welchem ganz früher das Pulver und später früher das Bier der einstigen Schlossbrauerei gelagert wurden und heute eine Multimedia-Show das Hornberger Schießen erklärt, führte eine Holzbrücke über den Graben auf den zweiten Fels, vor auf das Burgrondell. Von dort oben gibt es einen tollen Blick auf die Stadt und auf das einmalige Viadukt der Schwarzwaldbahn. Ein beliebtes Spiel war es zu schauen, wer zuerst den Zug im Gutachtal entdeckte, wenn dieser sich langsam das Tal herauf schlängelte, bis er im Tunnel verschwand und auf dem Viadukt wieder auftauchte! Rot mit Schwarz waren die mächtigen Diesellokomotiven. Wie in einer riesigen Modelleisenbahn sah das aus, wenn die Züge hoch über der Stadt über das Viadukt fuhren. Efeu rankte an den ehrwürdigen Mauern des Rondells empor, deren Grundmauern von der allerersten Bebauung des Schlossberges vor rund neunhundert Jahren zeugten und noch heute zeugen. An der warmen Hand der Oma durften wir sogar auf die halbrunde Mauer klettern, wo an Weihnachten der Weihnachtsbaum mit Lichterkette stand und abends in die Stadt strahlte. Weit ging es von da in die Tiefe! Auf dem Rondell, klar: ein „Bänkle". Einmal habe ich bei der Bank ein fünfzig Pfennige Stück gefunden, mit dem geriffelten Rand und dem Mädel hintendrauf, die ein Pflänzchen pflanzte, silbern glänzte die Münze in der Sonne, ein Funkeln und Strahlen ging davon aus. Welch ein Reichtum für den kleinen Bub (der Reichtum wanderte schnurstracks zu Frau Stempel und das Strahlen in Bubis eisverschmiertes Gesicht).

Auf dem Felsen, die Alarmsirene. Dreiecksfuß mit Lampenschirm, leise beginnend und immer lauter und lauter werdend, und dann das ganze rückwärts. Immer freitags um zwölf Uhr ertönte diese. Zur Probe. Wegen dem Kalten Krieg oder falls es im Städtle brennen sollte. Dreimal lang, wenn ich jetzt nicht irre. Denn, wenn es tatsächlich brannte im Städtle, Handys für die Feuerwehrleute gab es ja noch nicht, war das schon wichtig, dass die Sirene heulte. Wir hatten nicht einmal ein Telefon zu Hause. Und da waren wir nicht die Einzigen. Klar, wir kletterten hoch zur Sirene, Omas mahnende Worte im Ohr: schnell die Ohren zuhalten, falls sie losgehen sollte, „muesch halt uffbasse!" Das machte es für uns besonders spannend. Eine noch größere Mutprobe war es hinunter in den Schlossgraben, den imposanten „Hundsgraben", zu klettern, der damals noch nicht öffentlich war und allerlei Geröll und Fundstücke beinhaltete. Also Müll. Nicht mit der Oma sind wir geklettert, sondern mit den größeren Brüdern. Vernünftiges konnte man von größeren Geschwistern ja ohnehin nicht lernen. Ich sag nur Zigarre.

Um den Fels des Bergfried-Turmes führt zur einen Seite eine Wiese innerhalb des ehemaligen Burghofes, wo heute Greifvogelvorführungen stattfinden. Von dieser Wiese pflückten wir nicht nur Immergrün-Blumensträußchen für die Oma. Nein, dort sammelten wir vor allem Kastanien auf. Rotbraun funkelnd, wenn Oma sie mit ihrem Taschentuch blankgewetzt hatte. Wir sammelten auch die Kastanienschalen in den Papiertüten vom Schweigerbeck oder wickelten sie in Taschentücher – aus den Schalen wurden lustige grüne Igel bei der anschließenden Bastelstunde in Omas Küche mit Zündis aus der kleinen blauen Streichholzschachtel aus Omas Allzweckkommode. Dazu gab es Zwieback aus der orangenen Tüte mit dem Bubigesicht drauf. Obendrauf kam auch etwas, auf den Zwieback: Kaba aus der gelben Dose. Das ganze getunkt in den warmen Kaba im Schälchen vom Keramik-Hoffmann – das gab zwar doofe Bröckele, die so matschig waren, aber egal.

Der Oma-Spucke-Duft

Oma war gut vorbereitet. Auf so ziemlich alles. Dazu hatte Oma neben den Papiertüten immer ein Taschentuch oder ein Päckchen Papiertaschentücher „im Sack". Ihre Allzweckwaffe war ohnehin stets vor Ort: Spucke!

War es Oma im Sommer zu heiß, dann tunkte sie das Taschentuch in den nächsten Brunnen – davon hatte Hornberg schon immer viele – und legte die Erfrischung erst auf die Stirn und dann ins Genick. Fertig war die Klimaanlage. So kühlte sie auch uns Kinder. Entdeckten wir im Wald Pfifferlinge, dann wurden diese in ihr Taschentuch eingepackt. Gleiches galt natürlich für die seltenen Steinpilze. Fanden wir zerbrechlich filigrane und deshalb so wunderschöne Vogelfedern, allen voran die blau-schwarz-weiß gestreiften vom Eichelhäher, dann wurden auch diese sorgfältig in das Tuch eingewickelt, damit ihnen nichts passierte. Wir hatten ja nicht immer Eimerchen dabei! Hatten die Enkelkinder einen blauen Heidelbeermund – für Oma kein Problem: Papiertaschentuch und Allzweckwaffe Spucke. Da half alles Gesicht verziehen nichts, da musste man durch. Gleiches galt für Himbeer-, Brombeer- und manchmal – seltene Momente – auch Schokoladengeschmier im Gesicht. So hatten wir sehr oft den typischen warmen Oma-Spucke-Duft um die Nase. War durchs Toben mal das Knie offen, dann bekam auch dieses Oma-Spucke ab. Da war uns das dann auch egal, es hat auf jeden Fall geholfen. Blöd nur, dass sie mit Oma-Spucke-Taschentuch auch die Tränen abwischte. Als Oma der Tränen wegen – weiß der Himmel, wo sie die immer herholte – Gummibärchen oder diese runden, flachen, roten Kirschlollis am grünen Stiel, welchen man so schön zerkauen konnte, oder gar ein Nimm 2-Bonbon ans Tageslicht zauberte, das orangene, nicht das gelbe – dieser süße Fruchtkern beim Gleichzerbeißen – dann war die Welt sowieso schnell wieder in Ordnung. Derweil tränkte Oma ihr

Taschentuch mit dem Duft aus dem 4711-Fläschchen und benetzte ihren Hals. So verging Tag um Tag. Irgendetwas brachten wir immer mit nach Hause in Omas Küche. Und irgendetwas blutete meistens an Arm oder Bein. Das stärkt die Abwehrkräfte. Klar, zu Hause konnte Oma die gebrauchten Tücher zum Anfeuern des alten Herdes gebrauchen. Auf das Loch in der Hose nähte sie einen weiteren Lederflicken – einer vom „Model", Kurzwaren und Wäsche aller Art. Bloß nix wegwerfen!

Unkompliziert war Oma, ganz Kriegsgeneration, wenn wir im Wald plötzlich dringend mussten, also ganz dringend. Auch dafür gab es ein Oma Papiertaschentuch. Das war damals ja auch noch egal, damals sind die im Wald noch schnell verrottet, nicht so Chemie gestärkt wie heute, so dass das ewig im Wald liegt. Dafür hatte Mutter, falls das Papiertuch mal im Hosensack bei der Wäsche vergessen wurde, unheimlich viele weiße Fetzchen und Fusseln in der frisch gewaschenen Wäsche.

Am meisten liebte es Oma, wenn wir für sie auf den Wiesen bunte Blumensträuße pflückten, ein natürliches Farbenmeer aus Gelb, Rosa, Weiß, Orange, Lila, Grün und unendlichen Zwischentönen. Dann ging es am nächsten Bächle oder Brunnen mit dem Taschentuch ins Wasser, anschließend wickelte sie es um die Blumenstiele, damit die Blumen nicht verdursteten bis sie duftend auf dem Küchentisch oder auf dem Kurbeltisch in der Stube standen.

Blumenklau bei Schäubles

Wenn es Frühling wurde, leuchteten Omas müde Augen besonders freudig. Hellwach waren sie dann. Den Blick bei den Spaziergängen durch das Städtle immer in die Gärten der Nachbarn gerichtet, ob es dort nicht schon Schneeglöckchen zu stibitzen gäbe. Den Weg so gewählt, dass wir auch an jenen Gärten vorbeikamen, von welchen Oma genau wusste, dass dort auch bestimmt welche blühen würden. So war es nur eine Frage der Zeit, wann Omas Hand unter dem Gartenzaun hindurch die weißzarten Glöckchen rupfte und im Taschentuch versteckte. Wenn die kleinen Hände und Ärmchen der Enkel besser geeignet waren, so machte sie meine Schwester und mich schon in jüngsten Jahren zu Pflanzendieben. Kein Weg war ihr dafür zu weit. Am unteren Stadteingang, in der Nähe der Markgrafenwiese, gab es auch wunderschöne. Dort stand das

Elternhaus von Wolfgang Schäuble. Oma war das egal, der Wolfgang war ja nur der Sohn vom Schäuble Karle und auch noch kein Finanzminister oder Präsident des Bundestages oder irgend so was in der Art. Uns Kindern auch, denn gleich um die Ecke war ein Park, ein ganz kleiner. Dort stand eine Schaukel zum Schaukeln. Oma saß derweil auf der Bank und roch an ihrer Beute. Die Gutach rauschte unbeeindruckt an dem Szenarium des Glückes und Diebstahles vorbei. Gegenüber war die Firma Schiele, Vaters langjähriger Arbeitgeber.

Bei Veilchen, da war das anders als bei Schneeglöckchen. Da mussten wir nicht klauen – da wussten wir schon genau, wo am Bahnhofsberg eine Ecke war, wo das unschuldige Violett öffentlich erblühte. Direkt unter dem Pavillon am Bahnhof, welcher an den steilen Bahnhofsberg angebaut worden war und oben eine überdachte Aussichtsplattform trug. So wie er dies auch heute noch macht. Ein kleiner Pfad führte über die Wiese zum Pavillon, verwaist, der Weg hatte in diesen Jahren keine Funktion mehr. Außer für Oma und die Enkelkinder. Vom Bahnhofsberg ging der Blick hinüber zum Schlossberg, unserem Abenteuerberg. Vorfreude. In der Schloßstraße hatte Oma ein kleines Väschen, genau die richtige Größe für die Veilchen. Zartes Lindgrün, Kontrast zum Violett. Solange Veilchen blühten, war das Väschen gefüllt. Nie mehr sind mir Blüten so vollkommen, so schön und so unglaublich duftend vorgekommen, als jene Frühlingsboten. Das ist bis heute so. Überlegt, was wohl meine allererste Erinnerung an die Oma sei, so wäre der Duft der Veilchen ganz vorne mit dabei. Neben der Spucke versteht sich.

Zum Bahnhofsberg führten von der Stadt aus auch zwei Treppenstiege hinauf. An diesen Treppenstiegen, besonders an jenen, welche von unserem Kindergarten aufwärts führte, wuchs Flieder. Riesige Büsche mit prächtigen Blütenständen: zartviolett, dunkelviolett, weiß. Auch diese waren vor Oma nicht sicher. So war ihre Küche stets von Blütenduft erfüllt. Außer in der Weihnachtszeit – da roch es nach Tannenreisig.

Das spazierende Naturlexikon

So sind die Erinnerungen an die Oma stets auch Erinnerungen an die Jahreszeiten, Oma lebte mit ihnen, freute sich an der Natur. Den Schneeglöckchen, den Veilchen und dem Flieder des Frühlings folgten die Tulpen und Narzissen vom Gärtner Hopp, vom sehr überschaubaren Taschengeld redlich gekauft, außerdem Maiglöckchen und Goldregen aus Nachbars Garten. Hmmmm, und Erdbeeren, Boten des Sommers. Die kleinen aromatischen Walderdbeeren. Auch dazu hatten wir unsere Geheimverstecke. Fast täglich sind wir diese abgewandert. Haben geschaut, wie aus den kleinen Blättern langsam Stängel sprossen und sich alsbald kleine Früchte zeigten. Erst weiß, dann rosa und später in köstlichem Rot. Je röter die Früchte wurden, desto ängstlicher wurden wir mit jedem Tag. Nicht, dass uns andere Kinder die Leckerbissen wegschnappen würden! So lebten wir in diesen glücklichen Tagen von der Hand in den Mund, bis nach Hause haben es die Früchtchen nie geschafft. Mussten sie auch nicht, denn dort hatte Oma die großen Erdbeeren für uns. Vom „Grieß", dem Edeka-Laden in der Hauptstraße. Fein halbiert, mit Zucker überrieselt, standen die gefüllten Teller auf dem Tisch, um welchen die Eckbank mit den Enkeln führte. Ansonsten gab es mit der Gabel zermatschte Banane mit dick Zucker drüber auf Butterbrot. Obendrauf noch Kaba. Notfalls auch ohne Banane. Mann-oh-Mann. Oma hat uns zu Zucker-Junkies gemacht.

Denke ich an den Sommer, denke ich an die Margeriten, an die Glockenblumen und an diese Blumen mit den gelben Köpfen – wie heißen die doch gleich? Riesige Blumensträuße haben wir der Oma gepflückt. Gärtner Hopp ging da leer aus an seiner Verkaufskasse im Blumenladen vis-à-vis vom Fanti in der Hauptstraße.

Im Herbst galt es die bunten Blätter aufzusammeln. Das bunte Laub mit den Füßen vor sich herschieben, große Haufen machen, sich hineinfallen lassen, Käfer krabbeln sehen, den Duft des Herbstes einatmen, das Laub in die Höhe werfen, Zeit vergessen, nach Farben sortieren, aufkleben, Kastanien sammeln, basteln.

Wenn der Winter nahte, strahlten die roten Vogelbeerbäume und es galt Tannenzapfen – oder vielmehr Fichtenzapfen – aufzusammeln, Tannenreisig zu brechen, vom ersten Schnee und von Weihnachten zu träumen. Dieser Duft des Waldes und der Wiesen in den Jahreszeiten.

Schneeglöckchen, Veilchen, Märzenbecher, Krokusse, Sumpfdotterblumen, Gänseblümchen, Butterblumen, Glockenblumen, Wiesenschaumkraut, Sauerampfer, Klee, Immergrün, „Zahnbürstle“, Margeriten, Löwenzahn – die Schlüsselblumen habe ich verdrängt. Vergissmein-nicht. Im Wald die Fichten, Weißtannen, Föhren, Kiefern, Eichen, Buchen, Ahorn, Esche, Lärche. Auf den Bäumen: Rotkehlchen, Spatz, Amsel, Blaumeise, Fink,

Eichelhäher, Specht, Bussard. Oma war ein spazierendes Naturlexikon. Vergiss-mein-nicht.

Kartoffelboviste und Stinkmorcheln

So ist die Geschichte der Oma auch eine Geschichte des Waldes, der Flora, Fauna und Tierkunde. Ich denke, die halbe Zeit meiner wachen Kindheit habe ich im Wald verbracht. Nicht nur im Storenwald. Denn es gab auch unheimlich viele Pilze in allen Wäldern rund um Hornberg, Oma hat alle Pilze bei Namen gekannt, Hornberg Ort der „Schwarzwälder Pilzlehrschau“, nicht ohne Grund.

„Hesch du guede Pfifferlingauge“, hat Oma immer zu mir gesagt, denn im Pfifferlinge suchen, und vor allem finden, war ich unschlagbar. Da hat auch Ketterers Eimerle nicht gereicht, da musste schon ein großer Korb her. Vielleicht lag es auch nur am guten Gedächtnis, denn ich wusste genau, wo ich sie finden werde. Am oberen Weg bei der Freilichtbühne, neben dem Schützenhaus, oberhalb vom „Lamm“, der Weg zur Bertaquelle, beim Storehiesle, und-so-weiter-und-so-fort. Ich bin doch nicht doof und verrate jetzt alle Geheimplätze! Mit einem scharfen Messer abschneiden, unten am Stiel, nicht einfach rausreißen, die Wurzel stehen lassen, die Pilze sollen nächstes Jahr schließlich auch wieder wachsen – und, klar: mit dem Messer uffbasse! Da war Oma noch sehr rüstig, auch hier war ihr kein Weg zu weit. Nur das Berg hochkrabbeln, das hat sie ihren Enkeln überlassen. Oma lehrte uns, Pfifferlinge von Semmel-Stoppelpilzen zu unterscheiden, die sehr ähnlich waren. „Muesch eifach dra rieche", die banale Anleitung. Pfifferlinge duften wohl, die Semmelpilze nicht. Und: „unte muesch gugge, Pfifferling hänn Rille, Semmel Noppe." Ganz beiläufig lernten wir auch andere Pilze kennen. Giftige und ungiftige. Fliegenpilz, Knollenblätter, Steinpilze. Und natürlich Stinkmorcheln und Kartoffelboviste. Die habe ich dann gerne weggekickt – die Naturschützer von heute mögen mir die Kindersünde verzeihen – denn die haben dabei so schön gestunken und vor allem auch so herrlich gestaubt.

Zuhause in Omas Küche: Pilze fein säuberlich waschen, auf Tüchern trocknen, mit scharfem Messer putzen. Immer von der Hand weg (Uffbasse!), Zwiebelchen würfeln, zuerst Butter in die Pfanne, dann die Zwiebelchen und die Pilze. Nicht zu vergessen den kräftigen Schuss Weißwein.

Heile Welt

Mit Oma Einkaufen gehen war immer schön, da gab es immer etwas zum Naschen für die Zuckerjunkies. Schleckmuscheln, Lakritzschnecken, Bärendreck, Gummiäffle, Mäusle, CARAMAC – diese dünnen Karamellplatten mit höherem, filigranem Rand und dem erhöhten CARAMAC-Schriftzug in der Mitte – verpackt in orangenem Papier. Dann diese Stangen, wie geflochtene Schokolade, mit Karamellfüllung und einem Ritter auf der weißen dünnen Plastikverpackung, so zum Rausziehen. Sugus mit Ananasgeschmack. Sarotti-Schokolade vom Kolonialwarenhändler. Oder Mohrenköpfe, auch Negerküsse genannt, zum Beispiel. Nicht zu vergessen „ä Rädle Wurschd" in der Metzgerei. In der Metzgerei bestellte Oma außerdem „Negerbimbis", sprich kleine Schwarzwürste. Zuhause hat sie uns von den zehn kleinen Negerlein vorgelesen. Das hat Oma auch alles gar nicht rassistisch, fremdenfeindlich oder sonst irgendwie gemeint. Der Struwwelpeter war ja auch nicht gerade heile Welt. Ich vermute mal schwer, dass sie nicht einmal einen schwarzen Mitbürger gesehen hat, geschweige denn dessen „Bimbis". Abgesehen von den marokkanischen Söldnern der französischen Besatzer, also Befreier.

Zu meiner Kindheit gab es im Städtle so dreißigjährige Frauen mit mulatischen Gesichtszügen. Hat niemand drüber geredet. Oma war in Winterthur in der Schweiz geboren, Uropa war dort kurz Gastarbeiter gewesen, Onkel Siegfried sagt, ihr Schweizer Pass hat ihr damals oft den Arsch gerettet – besonders auch beim Hamstern. Zu Silvester oder an Fastnacht gab es für uns Kinder „Judefürzle" – kleine rote Feuerwerksröhrchen mit Zündschnur. In Reihen oder einzeln aus geschnitzten Hornberger Miniaturkanönchen abgefeuert. In der Schule wurden Judenwitze erzählt. Verdrängung, Sarkasmus statt Aufklärung und Aufarbeitung. Aus dem Zimmer der großen Brüder ertönte moderne „Negermusik". Wurde ein ganz wichtiges Fußballspiel im Fernsehen übertragen, so eilte Vater ins Gasthaus „Mohren", denn da gab es schon einen Farbfernseher. Hätte er auch gemacht, wenn das Gasthaus „Glockenblume" geheißen hätte. Hauptsache Public Viewing. Hinter der Theke stand der „Mohrenwirt". Keine Ahnung wie der wirklich hieß. So war das nun mal in den Siebzigern. Das war nicht nur in Hornberg so. Ich will da nix schönreden. Damit sind wir Kinder aufgewachsen. Verdrängung. Stillschweigen. Nur eine Geschichte hat Vater uns von „früher" erzählt, und die geht so:

„Ich habe mal unserem Lehrer die Hasen aus seinem Stall freigelassen!“

„Waaaaruuuum?“

„Wir mussten, wenn der Lehrer (Anmerkung: in Schramberg-Sulgen) ins Klassenzimmer kam, aufstehen und >Heil Hitler< rufen. Das habe ich aber nicht gemacht, deshalb hat er mich am Ohr durch das gesamte Schulhaus gezogen, von Klassenzimmer zu Klassenzimmer und hat zu den anderen Kindern gesagt: >Dieser deutsche Junge grüßt den Führer nicht<.“

Wir fanden das mit den Hasen als Kinder lustig, den Hintergrund haben wir nicht kapiert. Hat uns niemand erklärt. Auch nicht, dass sein Vater, mein Opa, als Kriegsversehrter des Ersten Weltkrieges Invalidenrente bekam und so Angst vor den Machthabern im Hause Langenbacher herrschte, droben in Schramberg-Sulgen. Opa hat ja nur gekostet, nichts genützt. Habe ich aber erst zur Recherche dieses Buches erfahren. Ich durfte meine Opas nicht mehr kennenlernen. Was hat Oma und Mutter mit ihren Geschwistern erleben müssen, als die Bomben über Hornberg niedergingen, viel Zerstörung und Elend hinterließen? Schnell das Thema wechseln. So wie die Väter.

Der Räuberstecken und die feine Dame

Vater war ein Arbeiterkind, er engagierte sich in den Arbeitervereinen, mit der Oberschicht hatte er nichts am Hut. Wollte er nichts am Hut haben. Die Naturfreunde, Arbeiterwohlfahrt, Schützenverein, SPD-Wähler. Im Hornberger Schützenhaus habe ich viel Zeit verbracht, den Vater zu seinem Verein begleiten. Versteckt im Wald, oberhalb des Schlosses, da stand und steht das Schützenhaus. Eine Schneise in den Wald geschlagen, ein Haus mit Gaststube und Schießraum gebaut und dahinter nochmal freie Fläche für die Kleinkaliber Schützen. Vater war aber der Luftgewehrspezialist. Eine kleine Treppe führte zu einem ebenen Vorplatz, dort haben wir im Gras gespielt, ab und an gegrillt, die Wurst am Stecken über das Feuer gehoben; rechts führte eine Treppe hoch zum Obergeschoss und geradeaus ging es in das schlichte aber gemütliche Haus. Rechts im Gebäude war die Theke, da stand meist der Walter Stumpf, er hat auch die Striche gemacht, für die Flaschen, die über die Theke gingen. Brezeln hingen da und geräucherte Bratwürste. Dazu eine Scheibe Brot und Senf. Auf einem Pappteller. Fertig. Links im Raum ein großer Tisch, und ein großer Ofen. An der Wand Fotos der Siegermannschaften:

neben Vater der Jürgen Schondelmaier und der Manfred Bühler, und, wenn ich nicht irre, Herr Kienzler und Herr Gamudi. Daran angeschlossen war der Raum zum Schießen, vier oder auch fünf Schützen standen dort nebeneinander, da war es auch immer arschkalt, Heizung gab es darin keine. War egal, denn Vater musste eine dicke Schießjacke tragen, dann wackelte das schwere Gewehr auch nicht so. Klar, der Sohn wollte es auch probieren. Und durfte. Am Schießstand gab es so ein Gestell auf Schnüren, da konnte man eine Zielscheibe einspannen und mit einer Kurbel über ein Rädchen die Scheibe nach vorne fahren. 10 Meter weit. Den Hebel am Gewehr spannen, ein Kügelchen einlegen, Hebel einrasten, das Gewehr in Anschlag nehmen, dann kam Vaters Geheimrezept in Gebrauch, wie man das kleine schwarze Rund, vorne auf der Scheibe, ganz ruhig anvisieren und auch mittenrein treffen konnte. Peng. Treffer. Eine 10. Das Gewehr war keine Waffe, es war ein enormes Konzentrationsübungsgerät. Dreißig Schuss volle Konzentration, klare Atmung. Ohne Facebook nach jedem Schuss. Neben der Tür zum Schießstand hing die Ergebnisliste an der Wand, leserlich von Hand ausgefüllt. Spannend waren auch die Auswärtskämpfe. Da durfte ich hinten in unserem Opel oder im alten, damals neuen, Ford Escort, orange, vom Jürgen Schondelmaier sitzen und mitfahren. Angekommen freute ich mich auf die Libella und die heiße Wurst. Die Hornberger Schützen waren gut, sehr gut, so gab es auch weite Fahrten. Weite Autofahren waren ja als Bub was Besonderes. Nach Offenburg oder Lahr-Mietersheim oder so. Wenn es nicht geregnet hat, denn dann hat Vater gemosert, dass er beim Zielen die ganze Zeit noch die Scheibenwischer sieht und hört, was damals quietschende und schmierende Etwase über der Scheibe waren.

Einmal im Jahr hat der Schützenverein ein Waldfest vor dem Schützenhaus gemacht, da herrschte fleißiges Treiben. Vater hat von Hand Preislisten geschrieben, PCs gänzlich unbekannt, das sollte noch zwanzig Jahre dauern. Im Obergeschoss wurde der Schießstand für die Gäste aufgebaut, mit Plastikblumen, Schraubenziehern und allerlei Krimskrams, welchen Vater in kleine weiße Röhrchen steckte, welche wiederrum zuvor über Nägel gestülpt wurden, die mit dem Hammer in die Latten geschlagen worden waren, nachdem Vater und die anderen diese auf eine Holzwand geschraubt hatten. Puh! Auf der Grasfläche vor dem Eingang stand die Theke mit dem Bier vom Ketterer und der Wurst vom Grill. Für uns Kinder war all das ein Paradies, so wie der Wald, der das Schützenhaus umgab, da konnten wir rennen, den Berg hochkrabbeln und mit Stecken, also abgebrochenen Ästen, durch den Wald pirschen, Räuber und Gendarm spielend. Beim Waldfest waren dann vor dem Schützenhaus auch die Bierbankgarnituren aufgebaut, da saßen die Gäste. Als Räuber hat man es eilig mit seinem Stecken, da kann man nicht auf Strumpfhosen der Damen achten. Und so kam es, wie es kommen musste: der Räuberstecken ruinierte die schöne Strumpfhose einer feinen Dame. Das gab keinen Stuhlkreis um auszudiskutieren, was man angestellt hat, sondern Aktion-und-Reaktion: es gab schallend auf die Backen. Von der feinen Dame wohlgemerkt. Einmal war es auf dem Fest sehr lustig, da ist der Lehrer Ziegler nämlich den Wald runtergekullert. Der Schützenverein hatte für uns Kinder auch etwas Praktisches: zu Weihnachten und zum Geburtstag bekam der Vater immer eine Dose „Kügele". Die konnte er immer gebrauchen. Selbstredend, dass die Gewehre zu Hause in der Abstellkammer lagerten. Zusammen mit der Munition. So war das damals.

Mit dem Hornberger Schießen hatte der Schützenverein übrigens nichts zu tun, die gehört dem Historischen Verein, aber von der Freilichtbühne will ich ja ohnehin noch erzählen. Noch bin ich im Arbeitermilieu.

Der Hornberger Ballonplatz

Ein Kindheitsplatz war auch der „Ballonplatz". Auf der Landkarte steht da „Waldparkplatz Gesundbrunnen", bei den Hornbergern heißt er „Ballonplatz".

Der Weg führt vom Städtle zunächst hinauf auf den Bahnhofsberg, an den Bahnübergang und über die Gleise der Schwarzwaldbahn. Bing. Bing. Bing. „Achtung – gleich kommt ein Zug!" Klopapierfetzen aus der Zugtoilette lagen auf den Gleisen. In der scharfen Kurve der Franz-Schiele-Straße machte Oma die erste Rast auf der Bank in dem kleinen Park mit Schlossbergblick, während meine Schwester und ich uns am schlichten, quietschenden Drehkarussell vergnügten. So eine Art Drehkreuz mit vier Sitzen, wo wir selber an dem Rad in der Mitte drehen mussten. Oder wir kletterten in den schiefen Nadelbaum am Rande des Parkes und brachten dieses Bäumlein zum Schaukeln. Wenn wir Glück hatten, kam der Herr Grieß mit seinem mobilen Verkaufsladen, einem grauen VW Bus, T 2, des Weges, öffnete die Seitentür und läutete fröhlich mit einer Glocke. Lieferservice, so eine Art „amazon" der Urzeit. Uns Kinder hat´s gefreut, denn dann gab es ein Eis. „Oder irgend ebbs anders." Ich glaube, Oma hat vorher gewusst, wann der Herr Grieß mit seinem klapprigen Streetfood-Truck kommen würde.

Ab da wurde der Weg richtig steil: durch den Buchenbronn ging es an einem Bächlein entlang hinein in den Wald. Von Bänkle zu Bänkle. Die herrliche Sicht unterwegs auf das Städtle war uns damals als Kinder egal. Wir schoben lieber mit den Füßen die Fichtennadeln auf dem Weg vor uns her, bis diese einen großen Haufen ergaben. Dieser Duft von Wald. Dieser ganz bestimmte Duft im Sommer nach trockenem Holz, dem Duft der Nadeln, des Mooses, dem Duft der Bäume. Das Schnaufen der Oma.

Am Ballonplatz angekommen, war Omas erster Gang hin zum Brunnen: ein hölzerner, geschnitzter Trog, das Wasser frisch aus der Quelle im Berg. Sie nahm ihr Taschentuch, zog es durch den Brunnentrog und legte es sich in den Nacken. Dann machte sie es sich auf einer Bank im Schatten der Bäume bequem, nahm ihren Arztroman aus der Tasche und las, während wir Kinder zu der Wassertretstelle rannten. Schuhe aus und barfuß in das kühle Nass! Die Schwester nass spritzen. Und umgekehrt. Danach kletterten meine Schwester und ich hinein und hinauf in den duftenden Wald und bauten eine Hütte aus Zweigen und Blättern. Anschließend lagen wir im Moos und schauten in das Blätterdach und auf die zarten Wölkchen, die über uns im azurblauen Himmel hinwegzogen. Ein anderes Mal turnten wir in den Balken der hölzernen Schutzhütte oberhalb des Platzes.

Etwas ganz Besonderes war der Waldparkplatz Gesundbrunnen an Christi Himmelfahrt. Da wurde und wird er zum „Ballonplatz". Denn an diesem Tag veranstaltet die AWO, die Arbeiterwohlfahrt, ihr Waldfest. Das war für uns Kinder immer, immer, immer wunderschön. Da gab es Spiele und vor allem einen Ballonwettbewerb, daher ja auch der Name „Ballonplatz" im Volksmund. Die Gewinnspielkarte von Oma ausgefüllt und an einer Schnur an den Ballon gehängt, der vorher mit einem kräftigen Pffffffff an dieser großen Gasflasche so super schnell aufgeblasen wurde und mit flinken Fingern einen Knoten bekam – und ab ging die Luftpost. Nun hieß es warten und hoffen! Einmal, ja einmal, da hatte ein netter Mensch die Karte irgendwo gefunden und hat sie an die Arbeiterwohlfahrt nach Hornberg zurückgeschickt, so dass wir eine Fahrt ins Kindertheater nach Freiburg gewonnen haben. Freiburg! Welch riesige, fremde Stadt, weit weg. Danke, liebe Unbekannte, lieber Unbekannter.

Margareta und Hubert Ziegler, zwei der Namen, die ich mit dem AWO-Fest verbinde. Immer gut gelaunt und überall gegenwärtig. Hubert Ziegler kam als Ostflüchtling, die Rote Armee im Nacken, über Umwege nach Hornberg, wurde nicht nur zu einer unersetzlichen Spitze im Ehrenamt, sondern auch Rektor an der Schule. Berühmt sein roter Renault 4, ich glaube, den hat er ein Leben lang gefahren. Außerdem war auf dem Ballonfest ein älterer Mann mit seinem Akkordeon, der voller Freude durch die Tischreihen ging, sang und musizierte. Die Tochter mit einer Gitarre hinterher. Weniger begeistert als der Vater, aber immerhin. Heiße Wurst vom Grill gab es und eine Libella, zu Hause gab es ja nur Sprudel. Dazu allerlei Kinderbelustigung. Danke AWO! Ein Festtag!

Meine großen Brüder haben da andere Erinnerungen: zu später Stunde zu zweit auf dem Rennrad, also einer hintendrauf, links und rechts einen leeren Bierkrug in der Hand, auf den steilen Heimweg gemacht, die Kurve nicht bekommen. Am Brunnen beim Gasthaus Krokodil die Wunden geleckt. Die wilden Siebziger halt.

Apropos Gasthaus Krokodil: dort setzen die Wehen meiner Mutter ein. Bei der Weihnachtsfeier der AWO, oder waren es die Naturfreunde? Egal. Schnell ins Auto.

Bis Vater am Hornberger Krankenhaus geparkt hatte, war ich schon da. Ist mir gerade so eingefallen. Ich bin ja fast ein Christkind.

Müßiggang

Im Sommer wurde mit den Naturfreunden gewandert und wir sangen, dass mein Vater ein Wandersmann sei und es mir auch im Blut stecke, Holla hi, Holla ho, Hollahopsassa. Andermal sind wir mit dem Opel spazierengefahren. Schwarzwald guggn. Oder Verwandtschaft besuchen. Ab und an fuhren wir sonntags mit dem Opel auf die Höhe, in die Sonne. Ohne Oma. Im Kofferraum zwei Liegen für die Eltern, die wurden neben einem einsamen, romantischen Bächlein aufgestellt, irgendwo an Vaters Geheimplätzen im Schwarzwald. Der süße Sprudel und Vaters Bier zum Kühlen in das Wasser sowie hin und wieder die Füße hineingestreckt. Ins Wasser, nicht ins Bier. Mutter las einen Arztroman und Vater Bergbücher oder so was in der Art. Als Bursche hatte er so ziemlich alle Berge der Dolomiten bestiegen. Mit roter Strickzipfelmütze und Knickerbockers. Freiheit in den Bergen nach diktierter Kindheit und Jugend. Das Klo war in den nahen Büschen. Wir Kinder hatten uns aus demontierten Federballschlägern mit einem Zwiebelnetz einen Kescher, also ein Fischernetz am Stiel gebaut, um Fische in dem Bach zu fangen. Gefangen haben wir aber nie etwas. Und gegessen hätten wir die Fische sowieso nicht. Mutter hätte nie, niemals! etwas gekocht, „was sie anschaute", also wo der Kopf noch dran war. Fischstäbchen schon – aber Forelle? Niemals! Bei Rinderzunge war das ja was anderes. So mit Madeirasoße. Aber ich schweife ab. So beobachteten wir die Forellen irgendwann nur noch, bauten Staudämme und sammelten flache Steine, spielten mit Kaulquappen und fingen Grashüpfer (die wir natürlich wieder frei ließen). So verbrachten wir ganze Sonntage auf der Höhe im Müßiggang. Und mir fällt gerade noch ein Kindheitsduft ein: Nein, nicht Madeirasoße, obwohl, die auch, ne! – Sonnenöl mit Kokosduft. Delial, wenn ich nicht irre. Und wenn das Gras frisch gemäht war, der Duft von frischem Gras und Heu. Ja klar, Heu, ein Kindheitsduft schlechthin. Wo auch immer wir zur Sommerzeit im Schwarzwald unterwegs waren, es roch ja immer irgendwo nach frischem Heu. An diesem Heimatduft konnte selbst die schwere Arbeit in sengender Sonne der Heuernte beim besagten „Lehmebur" nichts ändern. Während die Großen am steilen Hang mit Sense hantierten, rechten wir Kleinen das frische Gras zusammen auf hübsche Haufen, die, wenn getrocknet, also vor dem großen Regen, sozusagen nun als Heu, die Großen wiederum mit der Gabel auf einen Wagen hievten. Fressen für das Vieh, damit daraus eine gute Rinderzunge in Madeirasoße wurde. Und frische Milch für den Kaba mit Flöckle.

Geräusche aus dem elterlichen Schlafzimmer

Das Vieh. Mit Kühen verbinde ich Elektrozäune. Denn die gab es früher, ja früher, noch sehr oft im Schwarzwald. Auch an steilsten Hängen gab es kleine Kuhherden. Nix Großmastbetrieb und so. Wenn der Wanderweg über eine Weide führte, so mussten wir an den Toren den großen Plastikgriff mit dem Haken dran des oberen Elektrozaunes aus der Lasche nehmen, um dann über den unteren Elektrodraht drüberzusteigen. Papa erklärte uns beim ersten Mal, was ein Elektrozaun ist, indem er sagte, einfach mal dranfassen. Nach dem ersten Batscher, also Stromzucker, wussten wir es, so wie das Vieh auch. Danach hat er uns erklärt, dass wir das auch anders merken könnten. Einfach mal ganz still sein, also „d´ Gosch halte“, und hören, ob wir ein regelmäßiges, leises KLACK KLACK KLACK hören würden, denn der Strom kam ja in kleinen periodischen Stößen, nicht als Dauerstrom, sonst wäre das mit dem Dranfassen ja auch eine ziemlich blöde Idee des Vaters gewesen. Lehnte ein großer Grashalm am Elektrodraht, so gab selbst dies mit jedem Stoß einen Batscher. Friedlich schauten uns die Kühe derweil zu. So friedlich, dass wir ihnen über den lockigen Kopf streichelten. Der Rest der Kuh war ja meistens, pardon, Kindheitssprache, verschissen, da die Kühe sich gerne in ihre eigenen Fladen legten. Das roch dann auch streng. Klar, wie die Oma, so der Vater: Bei Kuhfladen auf dem Weg, „muesch halt uffbasse, dass net nei dabbsch“, also hineintreten tust. Und: „nie mitten durch die Herde laufen, sondern außen rum“, die Worte des Vaters. Sicher ist sicher. So eine Kuh ist schwer, wenn die auf dich draufliegt. Wenn der Bulle oder kleine Kälbchen dabei waren, besonders aufpassen. Die Kühe waren braun oder braun-weiß gefleckt, nicht lila. Beruhigend das Läuten der Glocken, nein, eigentlich muss es Kuhschellen heißen, denn Glocken wären zu schwer, Schellen sind aus Blech, erzeugen eine Melodie, nein, eine Symphonie. Das war ja auch der Zweck der Schellen: Jede hatte einen anderen Ton, so dass die

Hirtenbuben bei einer Störung der bekannten Symphonie merkten, ob eine Schelle, also eine Kuh, fehlte. Ganz früher sind die Hirtenbuben, mangels Schuhen, absichtlich in die warmen Kuhfladen gestanden zwecks warmer Füße und so. Als Vater noch ein Kind war zum Beispiel. Diese Melodien wiegten uns auch in ein Dösen an dem plätschernden Bach, wenn Kühe in der Nähe waren. Meistens waren sie das aber nicht, wegen des Duftes. Siehe oben, Stichwort Kuhfladen.

Wanderten wir zum Hornberger Naturfreundehaus „Storehiesle", so durften wir Kinder unterwegs beim Bauer Nock in den Stall zu den Kühen. Kuhkopf neben Kuhkopf war da in langen hölzernen Halterungen eingespannt, gerade so, dass die Kühe zum Fressen bis an den Boden kamen. Wir durften ihnen dann Heu geben und sie streicheln. So wie fast überall im Schwarzwald. Laute Muuuuh-Rufe waren ihr Betteln um, und ihr Dank für das Heu oder Gras. Ein Rupfen, Schmatzen und das laute Ausatmen die Fressgeräusche beim Zermalmen. Aus ihren Nasenlöchern war jedes Mal ein Dampf zu sehen, so kühl war es selbst im Sommer im Stall. Die Ohren wackelten ob der vielen Muggen, also Mücken, sprich Fliegen. Im Stall roch es ziemlich nach Kuh. Die Bäuerin oder der Bauer saßen derweil oft auf einem Hocker neben der Kuh und haben diese gemolken. Nachdem sie dem Vater sein Bier aus der Stahlkühlung geholt hatten. War ja auch eine Getränkehandlung fern ab der Zivilisation.

Einmal, ja einmal, jetzt wird's peinlich, da kamen wir an einem Hof vorbei. Da hat der eine Bauer gerade aus seinem Anhänger ein starkes, musterprächtiges Rind für den anderen Bauer, der mit seiner ebenso musterprächtigen Kuh dastand, geholt. So weit. So gut. Ja, und bei dem mächtigen Rind, ich vermute mal Stier, da hing da unten, wo wir Kinder sonst immer das Euter sahen, so ein riiiiesiges Ding zwischen den Beinen. Gefragt, was das sei, verstummte der Vater und sein Schritt wurde schneller, besonders, weil das Tier aus dem Anhänger bereits ohne lange drumrum zu reden, oder Sekt zu spendieren, auf das andere Tier kletterte. Oma war da direkter: Buben haben da ein „Bimberle" und Mädle – ich schwörs, das hat Oma wirklich gesagt – also Mädle haben da ein „Brunskaninchen" (Anmerkung des Autors: Brunsen ist altdeutsch für Pinkeln). Oder hat sie womöglich Bumskaninchen gesagt? Aber was Bub und Mädle damit alles machen, haben uns beide nicht verraten. Nicht mal, als wir aus dem elterlichen Schlafzimmer so komische Geräusche gehört haben – von wegen, die

Kinder schlafen schon! Und weil wir verantwortungsbewusst waren, stürmten wir in besagtes Schafzimmer, um zu helfen. Die Antwort der Mutter immer die Gleiche: „Der Papa will mich hauen, holt schnell den Kochlöffel!“ Was wir auch taten, so konnten die Eltern sich in aller Eile darauf vorbereiten, dass sie gleich nicht mehr alleine im Bett waren. Vier Kinder waren ohnehin genug. Schnell das Thema wechseln.

Wirtschaftskunde

Man glaubt es heute kaum, wie viele Menschen in einen guten, alten Opel Rekord passen: vorne links der Vater, das war klar. Auf dem Beifahrersitz die Mutter (auch klar – Frauen und Autofahren, siehe „7. Sinn“), der kleine Sohn saß in Mutters Fußraum, die Tochter auf ihrem Schoß. Hinten saßen die Oma, Onkel und Tante aus Hamburg, und natürlich durften auch die Cousinen Susi und Steffi nicht fehlen. Die Hamburger Verwandtschaft hatte ja kein Auto mit, die sind mit dem Zug nach Hornberg auf Besuch gekommen. Manchmal quetschten sich auch noch die großen Brüder Jörg und Helmut dazu. Ob die Sicherheitsgurte zu kurz sind, war egal, denn der alte Opel hatte gar keine. Die größte Sorge war, ob der Opel die Steigungen schaffen würde. So ging es auf Sonntagsausflug. So war das damals eben. War ja noch nichts los auf den Straßen. Vater fuhr auf die Höhe, zum „Windkapf". Das war – und ist – eine Wirtschaft in einsamer Waldesruh zwischen Hornberg und Langenschiltach. Eigentlich hieß sie – und heißt – „Zum Deutschen Jäger", aber Vater sagte nur „Windkapf". Zum Staigerwirt. So wie alle, die dort ein- und ausgingen und ein- und ausgehen und ein- und aus gehen werden. Es gab einen großen Spielplatz mit Schaukel und viel Platz zum Rennen. Die Außenwand des Gasthauses mit hellen Holzschindeln verkleidet, einige Tische und Stühle davor mit Blick zum Spielplatz und Platz für Vaters Bier (ohne Altherren-Ketterer-Eimerle versteht sich) und Mutters Apfelsaft – Mutter musste ja nicht fahren. In der Nase der Duft von Blumen, Gras und Heu. In der Gaststube ein stolzer Kachelofen, direkt am Stammtisch, behütet von den uralten Fotos des Uraltwirtes und der Uraltwirtin in Arbeitstracht an der Wand. Dort trafen sich die Bauern der Höhe auf den Feierabendschoppen. An den holzgetäfelten Wänden: Jagdtrophäen, ausgestopft. So war die Gaststube auch ein Schulzimmer der heimischen Tierwelt und ist es noch heute. In der Küche stand die Altwirtin, älter als die Oma, sie hat den leckeren Wurstsalat mit Schwarzwurst, Essiggurken und viel Zwiebeln gemacht. Dazu Bauernbrot aus dem Ofen und selbstgemachte Butter. Die Hamburger Cousinen sorgten für Heiterkeit, wenn sie den Schwarzwälder Speck längs geschnitten haben. Wegen der Schwarte. Mit Messer und Gabel versteht sich. Das lustigste aber war der Wirt, der Herr Staiger. Der wurde regelmäßig hinter seiner Theke kleiner und kleiner, bis er ganz verschwand, um kurz darauf mit Flaschen in der Hand genauso langsam wieder aufzutauchen. Des Rätsels Lösung: hinter der Theke war eine Lucke, dort führte eine Treppe in den kühlen Keller. Klar, neben der Theke stand auch die Eistruhe. Dolomiti oder dieses Eis in diesem Kegel, dieser verkehrtrumen Pyramide mit abgerundeter Spitze – ihr wisst schon. Das Eis mit dem runden Kaugummi unten drin. Das bewährte Element, um die Kinder brav zu halten.

Wo ich gerade dabei bin, der Vater ist natürlich nicht nur wegen der Sonne und den Bächle auf die Höhe gefahren, sondern auch, oder gerade wegen den Wirtschaften. Es gab ja nicht nur den „Windkapf". Das ließ er sich nicht nehmen, zu keiner Zeit. War uns ja auch recht so. Wegen der Libella, der Raspa und dem Dingsbums-Eis mit Kaugummi. Im Reichenbachtal gab es zwei Wirtschaften: Das „Unterwirtshäusle" und das „Oberwirtshäusle". Einfache Logik, gut zu merken, auch für uns Kinder. Besser als die Originalnamen: Krone und Sonne. Sonne hat zum Oberwirtshäusle super gepasst, denn die Terrasse war wirklich eine einzige Sonnenterrasse, dahin hat es den Vater nach der Arbeit oft gezogen: schnell alle in den Opel geladen und ab ins Oberwirtshäusle. Also doch irgendwie wegen der Sonne auf die Höhe. Auf jeden Fall zum Walter. Dem Wirt. Immer im dunkelroten Pullunder, so wie der Hans-Dietrich Genscher im gelben. Immer. Rot die Bäckchen. Walter ging mit seinem dunkelroten Pullunder, wenn er nicht gerade Bier zapfte und probierte, von Tisch zu Tisch, die Frage immer gleich: „Un′ – sonsch?" Die Gaststube Filmkulisse für einen Heimatfilm – aus heutiger Sicht. Damals normal. Die Fassade mit kleinen Holzschindeln verkleidet, gusseisern das Wirtshausschild, in dem die Sonne strahlte. Innen holzvertäfelt die Wände, mit wunderschönen Schwarzwaldmalereien drauf, Holzdecke, der grüne Kachelofen mit Eckbank, die hälftig um den Stammtisch führte, der den riesigen Aschenbecher mit Glocke für die Lokalrunde trug. Wie im Windkapf auch hier Jagdtrophäen, Hirschgeweihe und ausgestopfte Waldtiere, in einer der oberen Ecken ein ausgestopfter Auerhahn – der Tisch darunter unsere Lieblingsecke. Oft waren die Wirte ja auch Waldbesitzer und Jäger. Neben der Landwirtschaft versteht sich. Der Auerhahn ein beliebtes Jagdobjekt der Promis und Adligen, die einst, vor meiner Zeit, auf dem Hornberger Schloss urlaubten. Das Schönste im Oberwirtshäusle war das kleine Holzschränkchen rechts neben der Theke mit den Zapfhähnen für Vaters frisch gezapftes Ketterer-Bier im soliden Null-Komma-Zwei-Liter-Glas mit Landsknecht drauf, nix schicki-micki-Tulpenglas, womöglich mit Stil zum besser Umschmeißen. Dieses Holzschränkchen hatte Glasfenster, so dass wir die Schokolode und die Salzstängele sehen konnten. Mayka. Knusprig mit viel Salz. Da kam ja ursprünglich auch der Name Salzstangen her. Vom gütigen Walter gab es immer welche. Der Kinder-Wettbewerb: die Stängele hälftig abknabbern, also die obere Hälfte horizontal gesehen, wenn man so will, wer am weitesten kam, bevor es zerbrach, hatte gewonnen. So einfach waren wir Kinder zu beschäftigen. Unser Lieblingsgericht: Schnitzel mit Pommes Frites und Soße. Ja – am Ende der Welt gab es schon Pommmmfriiitttt! Zu Hause jedoch nicht. Mamas Lieblingsgericht: „Kuddln“, also Innereien in Weinsoße. Papas: Wurstsalat mit Käse, also Straßburger, oder geräucherte Bratwürste, zum schöne Rädchen schneiden auf dem Holzbrettchen und Eintunken in Senf. Nix Premium T-Bone-Steak, Entrecote und Filet, 500g, sauber abgehangen, aus Uruguay, mit Sauce Cafe de Paris. Die Krone der Straßburger-Schöpfung war aber unangetastet das „Unterwirtshäusle", also neben dem „Windkapf" und neben dem „Turm".

Der „Turm". Eigentlich „Gedächtnishaus Fohrenbühl". Für die Gefallenen des Ersten Weltkrieges. Diese Wirtschaft hatte und hat noch heute einen Turm. Einen Aussichtsturm. Ein Haus des Schwarzwaldvereins, im Schwarzwaldstil, mit Holzschindeln verkleidet das Haus, der Turm aus massiv geschlagenen Steinquadern für die Ewigkeit. Klar, die Gaststube die Zwillingsschwester der Stube vom Oberwirtshäusle, nur mit Uhren. Junghans-Uhren aus dem nahen Schramberg, Vaters Geburtsort. Im Holzgehäuse ein goldenes Pendel für die Gongschläge zur halben und zur vollen Stunde. Treppen führten rechtwinklig im ziemlich finsteren Turm nach oben. Vater erzählte: als Bursche sei er außen hochgeklettert, er war ja Dolomitenbezwinger. Oben: Sicht bis zur Schwäbischen Alb und was weiß ich wohin, Vater hat´s erklärt, nur zugehört hat keiner. Für uns Kinder war es viel lustiger die kleinen Menschen da unten zu betrachten.

Wieder unten, im Sommer, ab auf die Wiese, auf den Spielplatz, turnen auf der fast zugewachsenen Mauer. Halbrund die tausendjährige Mauer, geplant heroisch. Dort waren auch die Sonnwendfeiern. Dass der Adolf, der mit dem kleinen Schnauzer, und die Seinen sowie die Pflichtseinen, Sonnwendfeiern zu Vaters Kindheit wiederbelebt und am Gedächtnishaus missbraucht haben, hat uns aber niemand erzählt. Vom Heimatmissbrauch. Die Mauer war ja zugewachsen, die der Schnauzermann extra hat bauen lassen. Wir fuhren mit Vater und Mutter zu Sonnwendfeiern nach Furtwangen, zu den Naturfreunden, auf den Brend. Runder Turm mit Sicht bis zu den Alpen, Vaters Kletterberge. Die Faszination des lodernden Feuers. Bis in die Nacht aufbleiben dürfen. Auf der Heimfahrt auf der Opel-Rückbank eingeschlafen. Mit oder ohne Kopf im Rückbankloch. Heimat.

Oder das „Sommereckle“ – oh du Traum, versteckt im Wald! Das Naturfreundehaus der Schramberger, aber „auf Wolfacher Gemarkung“, würde man heute noch hinzufügen. Beim Bau des Hauses, hat der Vater geholfen, damals als junger kräftiger Naturfreud. Unterhalb des Hauses, ein Tümpel, rechteckig, gemauert. Ein kleines Naturbad. „Da haben wir früher drin gebadet“, die Erzählung des Vaters. „Aber früher war das Wasser klarer", schob Vater wie zur Verteidigung noch hinterher, während wir Kinder die Frösche beobachteten, die darin badeten und fröhlich quakten. Oder aufeinandersaßen – warum auch immer. Lustig war es, mit den bloßen Händen Kaulquappen zu fischen. Am Sommereckle gab es eine Wippe, Schaukeln, Tischtennis und vor allem: einen Bolzplatz zum Kicken! Das ist Gott sei Dank heute auch noch so. Alles. Am Sommereckle ist die Zeit stehen geblieben. Kein Nature Defizite Syndrom. Der Wind in den Schwarzwaldbäumen erzählt dazu ein Märchen vergangener Tage.

Einen Bolzplatz gab es auch am „Karlstein" oberhalb von Niederwasser. Höchster Punkt im Mittleren Schwarzwald, höher als der Brandenkopf, weiß nur kaum jemand. Die Wanderung als Aufstieg war besonders anstrengend, genörgelt haben wir Kinder aber nie, Vater wusste uns unterwegs zu beschäftigen. Wir waren sozusagen dem Trend voraus und sind auf dem „Westweg" gewandert. Klar, Oma war da nicht mit, das wäre dann doch zu viel des Guten gewesen, also der Aufstieg. Eigentlich ist der „Karlstein" ein Gedenkstein für den württembergischen Herzog Karl, der ihn setzte, oben auf einem Felsen, fast tausend Meter hoch. Er hat wohl gewusst, dass das der höchste Punkt war. Im Volksmund war die Wirtschaft, die unterhalb stand, der „Karlstein“. Aus der Wirtschaft ist ein Hotel geworden, „Schöne Aussicht“ hieß der Ort aber schon vor hundert Jahren, lange bevor es schlaue Marketingmenschen gab. Vater genoss das Schwätzle mit dem Wirt, dem Herrn Duffner. Als Herr Duffner auch noch ein Hotelhallenbad da oben in den einsamen Wald baute, haben sie unten im Städtle gedacht und gesagt: der spinnt! Und wenn wir mal vom Regen überrascht wurden – also von starkem Regen – dann hat sich der Herr Duffner unkompliziert in sein Auto gesetzt und den Vater nach unten gefahren, das Auto zu holen für die große Familie. Zugegeben, manchmal sind wir da abends auch gleich mit dem alten Opel und der Oma hochgefahren: zum Bolzen, also Kicken. Und für Vaters Schwätzle beim Glas Bier, das ja gut war fürs Autofahren.

Eine weitere Anreise mit dem Opel war es zum urigen „Hirzwaldhäusle“ bei Schönwald, oder zum „Käppelehof“ oberhalb von Hausach, einem prächtigen, stolzen Schwarzwaldhof mit einer Kapelle nebendran, ein Kleinod, sowie einem Traumblick hinaus in den Schwarzwald, in die untergehende Sonne. Uns egal, die Schaukel zählte. Wenn wir zum Käppelehof fuhren, mit unserem guten Opel Rekord, dann konnte es am steilen

Stück (siehe Titelbild) schon mal vorkommen, dass es auf den letzten Metern hieß: Aussteigen und laufen! Nicht wegen der Bewegung, sondern wegen des Ladegewichtes, der Opel ging an der Steigung in die Knie. Auch der Käppelehof erfüllt, heute würde man Ambiente sagen, die Schwarzwaldromantik bis heute. Die Schaukel steht noch immer.

Im Winter fuhren wir auch gerne auf den Fohrenbühl in den „Schwanen", „Adler", zum „Lauble" oder „Turm", da gab es einen Skilift für die Großen, oder auf den Windkapf, besonders wenn die Straße mit Schnee bedeckt war. Für den Opel und für Vater kein Problem. Der Opel hatte ja Spiks an den Winterrädern, also Nägel im Gummi, und der Vater dicke Nerven (klar, bei vier Kindern). An der Abzweigung zur Wirtschaft wurde angehalten und der Schlitten ausgepackt. Ein Seil am Opel sowie am Schlitten befestigt, die Kinder samt Mutter auf den Schlitten gesetzt. So hat uns Vater dann zur Wirtschaft hochgezogen. Was ein Spaß! Heimwärts rutschte der Schlitten alleine. Und wenn das Auto mal anfing zu rutschen, so saß Mutter auf den Kofferraumdeckel, dass die Räder mehr Halt hatten. Nix Allrad und so.

Aus dem alten Blaupunkt-Radio sang Andrea Jürgens: „Und dabei liebe ich euch beide", die Nation lag heulend am Boden und in den Kissen. Das Thema Scheidung wurde enttabuisiert. Vater regte sich derweil über Franz-Josef Strauß auf. Das weiß ich noch genau, den mochte er gar nicht.

Muss ich auch erzählen, bevor ich es vergesse: Mit dem Opel waren wir auch in Österreich in Urlaub. Seltene Momente. So weit, so gut. Wir standen auch nicht allzu oft mit dampfendem und zischendem Kühler am Bergpass-Straßenrand. War ja ein Opel. Aber was ich erzählen will: In Österreich gibt es ja diesen Stroh-Rum. Nicht nur für uns, auch für die Oma. Ihr wisst schon. Das machte natürlich Probleme. Nicht mit dem Zuladegewicht beim Opel, aber mit den Zöllnern. Einmal haben die uns den alten Opel zerlegt, Kofferraum komplett ausladen und so. Aber nix gefunden, denn: die Kinder saßen drauf und Mutter hatte auch zwei Flaschen im Picknickkorb zwischen ihren Füßen. Welcher Zöllner kommt schon auf so banale Verstecke? Lustig auch, als der Zöllner Hornberg im Ausweis las und den Vater lachend fragte, ob sie in Hornberg denn noch nicht alle erschossen haben, das Hornberger Schießen meinend. Vater hat ein Gespräch daraus gemacht. Ablenkung war schon immer das beste Schummelrezept. Bei den Franzosen hat das nix geholfen, die waren damals noch ziemlich nachtragend wegen Krieg und so. Da war an der Grenze meistens Endstation und Zurückfahren angesagt, wegen irgendwas, vielleicht auch nur wegen Vaters Nase. So wurde es nichts mit Narzissen klauen in Gérardmer.

Luftschnapper

Unser Ort des Kinderglückes wurde dann aber der Minigolfplatz gleich nach der Löwenbrücke in Richtung Schwimmbad. Genau da, wo heute das Duravit Design Center steht. Der Minigolfplatz ersetzte im Sommer die Sonntagsausflüge und die Urlaube. Geborgenheitsoase unter Kastanienbäumen. Denn den Hornberger Minigolfplatz hatten meine Eltern gepachtet. Beginn des sozialen Aufstiegs. Zwölf Bahnen hatte er, nicht groß, aber wunderschön. Eine Hecke trennte ihn von der Straße, ein kleines Türchen öffnete das Paradies, zwei Treppenstufen abwärts führten hinein. Ich sehe Vater vor mir, wie er mit der riesigen Heckenschere die Hecke stutzte. Klar, von Hand, ohne Strom, das gab Muckis, die konnte er wegen des einen oder anderen Trunkenbolds auch gebrauchen. Erst die eine Seite, dann oben, dann die andere Seite. Immer akkurat, genau auf die Höhe, dass die Leute über die Hecke in seinen schönen Minigolfplatz schauen konnten. Gegenüber parkte Vaters Opel Rekord C in der Einfahrt der verwaisten Villa der Steingut, also Duravit. Sonst niemand, die Leute kamen zu Fuß. Eingetreten traf man auf eine bescheidene Holzhütte, das Kiosk. In der Front ein Schiebefenster, vor dem Fenster die Drehständer für die bunten Postkarten aus Hornberg und dem Schwarzwald. Zuvor galt es aber den schweren Holzfensterladen nach oben zu hieven, gleichsam einem Vordach. An der Wand eine Halterung, die Halterung für die weiß-rot gestreifte Langnese-Fahne, welche Mutter morgens als Allererstes einsteckte. Die Botschaft: Geöffnet! Unter der Fahne die Langnese-Karte mit den Bildern der Eissorten. Neben dem Schiebefenster war auch eine Glasscheibe, damit die „Luftschnapper" sehen konnten, was Mutter alles anzubieten hatte. „Luftschnapper" nannte Mutter, Oma, Vater und vermutlich alle Hornberger und Schwarzwälder jene Menschen, die der guten Luft wegen ihren Urlaub im Schwarzwald, also auch in Hornberg, verbrachten. Durch die Schwarzwaldbahn hatte Hornberg ja schon sehr früh viele Gäste. Im Hornberg der Siebziger gab es aber nicht nur Urlauber, sondern auch „Bärenweiber", wie Oma sagen würde, das waren jene Damen, die, ich glaube aus dem Ruhrpott stammend, von irgendeiner Organisation, so a la Müttergenesungswerk, oder Großmüttergenesungswerk, im Hornberger Bären, zentrales Hotel im Städtle, an der dicht befahrenen Bundesstraße, zur Genesung im Hornberger Luftkurort untergebracht wurden. Vor dem Hoteleingang gab es ein Vordach, da stand ein großer, gegossener Bär drauf, der auf einer Kugel balancierte. Das war natürlich eine Einladung für die größeren Lausbuben, diesen regelmäßig zu verschönern. Mit Klopapier und so. Als Klopapier noch nicht rar war. Aber, ich schweife ab. Auf jeden Fall gab es da ein Fenster am Kiosk, um all die schönen Dinge zu zeigen für die Luftschnapper: Souvenirs in vielen Variationen, aber fast allen gemeinsam – das fröhliche Schwarzwälder Bollenhutpaar-Motiv. Verkaufsschlager. Hornberg war ja Epizentrum des Bollenhutes, das Freilichtmuseum Vogtsbauernhof in Gutach noch relativ jung. Oder die kleinen Schwarzwaldhäuschen aus Plastik, an der Rückseite ein kleines Fensterchen zum Durchschauen, oben auf dem Dach ein Knopf zum Drücken. Mit jedem Drücken ein neues Bild im Häuschenfensterchen: die Triberger Wasserfälle, der Vogtsbauernhof, der Mummelsee, der Titisee. Beliebt auch die Biergläser, klar, mit Bollenhutpaar drauf. Noch beliebter die kleinen Abzeichen aus Blech für die Spazierstöcke der Luftschnapper. War Vater auch da, hat er diese – also die Schwarzwälder Abzeichen – gleich mittels feinen Nägelchen mit seinem kleinen Hämmerchen am Spazierstock befestigt. Dazu hatte er extra einen Schraubstock, um die Spazierstöcke einzuspannen. Sicher ist sicher, Vater war sehr geschickt und einfallsreich. Gratis-Service. Außerdem gab es Ansichtskarten vom Hornberger Schießen, die Attraktion schlecht hin, nicht nur für die Kurgäste des Fremdenverkehrs, sondern überhaupt und so. In Sonderzügen wurden diese Besucher angekarrt, mit Kanonendonner am Bahnhof empfangen, eine Menschenprozession führte am Golfplatz vorbei, hinein in den Storenwald zur Freilichtbühne, Hornberger Schießen guggn. Natürlich gab es viele Naschereien in der Kiosk-Auslage. Die Milky Way wurden uns auch einmal zum Verhängnis, als mein großer Bruder Helmut und ich das Kiosk öffnen durften (oder mussten), Mutter später kam. Ja, und als sie kam, lagen da noch zwei Milky Way-Papierle rum. Ohne Inhalt versteht sich. Das hat ziemlich Ärger gegeben. Das Aufregendste für den Bubi aber waren die Matchbox-„Audole" in ihren kleinen buntbedruckten Schächtelchen. Ein grüner Ford Capri, der Held. Den stellte Oma mir als Belohnung in Aussicht. Davor stand aber harte Arbeit und viele viele Waldschbaziergänge. Denn das war das Problem. Nicht der Wald sondern der Schbaziergang. Denn der Bubi konnte nur Spaziergang sagen, so wie das wohl viele kleine Buben nur können. Söne Seiße so was. Besonders als Badner. Weisch wie ich mein? Das SCH war das Problem. Also logopädische Übungen im Wald mit der Oma machen. Immer und immer wieder. Also so lange söne Seiße sagen, bis daraus eine wirklich schöne Scheiße wurde. Im positiven Sinne natürlich. Oma hatte ja eine direkte Wortwahl. Sie war ja keine Politikerin. Manchmal auch lapidar Sneemann, Sule, Siff. Sofseggl. Bis Bubi dann in die Sule, pardon, Schule durfte, hat es auch schon ganz gut geklappt. Ganz ohne Logopäde (m/w/d). Gabs seinerzeit ohnehin nicht. Glaube ich. Auf jeden Fall gab es dann diesen grünen Ford Capri im Sächtele. War mir auch viel lieber, als dieser doofe Evel Knievel mit seinem springenden Motorrad vom Bernd oder vom Tim. Der Tim mit dem Bonanza-Fahrrad. Klar, in orange. Im Kiosk gab es auch eine Truhe, da war das Eis drin. Und einen Kühlschrank für das Bier der Männer und den Sprudel für die Kinder. Süß, Gelb, oder sauer. Und das verbotene Cola. Nicht zu vergessen die Schublade mit den Holzbrettchen, in

Plastik eingebunden, mit Klammer, sprich die Unterlagen mit den eingeklemmten Blöckchen drauf, auf den Blöckchen die Felder für die Bahnen, wie viele Schläge man denn gebraucht hatte, unten wurde zusammengezählt. Es war ja schließlich ein Minigolfplatz. So konnten wir Kinder schon vor der Schule etwas rechnen. Dazu die Allgemeinbildung von Omas Stadt-Land-Fluss. Was sollte da noch schief gehen? Neben dem Kiosk standen unter einem hellgelben, gewellten, halbtransparenten Plastikdach, Tische und Stühle, weißes Gestell, rote oder gelbe Plastiksitze und abgerundete Lehnen, jeweils mit Schlitzen drin, da saßen die Luftschnapper zusammen mit den Hornbergern, der Oma und der Mutter. Viele wurden Stammgäste, genossen das Schwätzchen mit der Mutter. Ein Klo hatte das Kiosk nicht (im Badischen sagt man übrigens das Kiosk, nicht der Kiosk), dafür gab es ja die Gutach, die einige Schritte die Böschung hinunter vorbeifloss und alles mit sich trug. Auf der anderen Seite des Baches, da stand die „Steingut". Die nahm es seinerzeit, wie alle, vermutlich auch noch nicht so genau, was so in die Gutach floss. Andere Zeiten, andere Sitten. Vielleicht steht deshalb nun das Riesen-Klo des Duravit Design Centers exakt an der Stelle des Minigolfes. Als Mahnmal. Wer weiß das schon? Apropos Duravit: In Hornberg gab es früher sehr viel weißes, natürliches Pulver, was die Bäche färbt, also Kaolin, welches man zur Herstellung von Porzellan braucht. Deshalb haben die aus dem schwäbischen Ludwigsburg einst den Hornbergern das Pulver auch geklaut und „feines Porcellaine“ draus gemacht. Hornberg war ja württembergisch, man konnte sich also schön daran bedienen. Bis eben dieser Napoleon kam und Hornberg dem Hause Baden schenkte oder vielmehr tauschte. Und der schlaue Herr Horn deshalb eine eigene badische Fabrik gründete, die Steingut, heute Duravit eben. Und wenn ich schon wieder mal am Abschweifen bin: wegen Württemberg und Pulver und so, wurde Hornberg weltberühmt. Nicht wegen Porzellanpulver, wegen Schießpulver. Und das ging so, sagt die Legende: Der württembergische Herzog hatte sich 1564 zu Besuch angesagt, die Hornberger wollten ihn gebührend mit Kanonendonner empfangen. So weit, so gut, so schlecht. Übermotiviert empfingen die Hornberger alles, was sich dem Städtchen näherte mit lautem Getöse. Soll ja auch heiß gewesen sein an dem Tag – und das Bier kühl. Und als der Herzog wirklich kam, war alles Pulver verschossen. Da haben die Landsknechte einfach nur „Piff Paff“ geschrien, als der hohe Besuch in die Stadt einritt. Lustig. So die Legende. „Wer ewig lebt in Saus und Braus, dem geht zu früh das Pulver aus“, hat der Volksmund daraus gemacht. Viel Getöse um nix. Friedrich Schiller hat die Redensart in seinen Räubern eingebaut und Friseur Leisinger schrieb aus dem Stoff ein Theaterstück für sein Heimatstädtchen, weswegen die Menschen zur Freilichtbühne inmitten des Storenwaldes pilgerten, vorbei an unserem Minigolf. Für uns Kinder war die Freilichtbühne eher ein Kletterparadies! Da gab es nämlich unendlich viele Stuhlreihen, so mit hochgeklappten Stühlen, Klappstühle so zu sagen. Da konnten wir Reihe für Reihe hoch rennen, Stühle klappernd auf und wieder zu klappen, bis hoch zum Häuschen, wo der Licht- und Tonmeister saß. Und das Ganze zurück. Natürlich. Oma war da sehr geduldig. Sie saß in der ersten Reihe. Mit viel Liebe haben die Hornberger in den 50er Jahren diese romantische Bühne in den Wald gebaut. Mit Schlossblick. So, und jetzt kommts: beim Hornberger Schießen waren wir als Kinder aber nie. Wir haben am Minigolf nur das Donnern der Kanonen gehört, das war uns Angst genug. Ach ja, muss ich noch erzählen. Der Wolfgang Schäuble wurde dann ja Finanzminister, was als Hornberger – ihr wisst schon „Saus und Braus“ – recht amüsant ist, er hat das aber locker interpretiert: „Würden alle nur Piff Paff schreien, statt zu schießen, so wäre die Welt friedlicher."

Neben den Minigolfbahnen steckte jeweils ein Ständer mit Ablage im Boden zum Ablegen des Schreibblöckchens, um die Bahnen führten diese quadratischen Steinplatten mit diesen vermutlich eingeklebten, unzähligen, glatten, ovalen Steinen, viele davon in Weiß oder hellgrau, so dass die Platten nicht eben waren, sondern so, wie soll ich sagen, fußmassierend, na ihr wisst schon, die lagen in den Siebzigern ja eigentlich überall herum, gerne auch als Blumentrogverkleidung. Die Bahnen zu betreten war sowieso verboten, da hatte Mutter ein Adlerauge. Neben dem Ablageständer zur Ablage stand jeweils ein bunter Lampenschirm mit Glühbirne drin, denn der Minigolf hatte bis in die Nacht offen. Da gab es eine Bahn, wo man einfach nur geradeaus schlagen musste – ganz schön schwer, denn oft sprang der Ball wieder aus dem Loch. Oder der Ball musste am Ende der Bahn noch steil aufwärts. Dann: die Wippe – entweder zu schwach oder zu stark geschlagen – so ein Mist! Das war besonders schwer: zu schwach geschlagen ging sie auf der anderen Seite nicht nach unten und der Ball kam wieder zurück; zu stark geschlagen, sprang der Ball sofort zurück. Und dann war da noch die Sprungschanze mit dem Netz, gleichsam einem horizontal aufgehängten Basketballnetz. Zum Spielen gab es verschiedene Bälle. Solche die stark hopsten, und solche, die gar nicht abfederten. Eine Philosophie, welcher genommen werden musste. Das allerwichtigste aber waren die Schläger: kleine für die Kinder, oben ein roter Griff, unten nur zu einer Seite gebogen, und große für die Erwachsenen. Die waren schwer, hatten einen schwarzen, langen, weichen Griff um den massiven Schläger, und unten, da war, auch sehr massiv, quer ein Teil dran. Silber oder Golden war das Teil. Klar, wir Kinder wollten die Schläger der Großen! Bis wir uns für den richtigen Schläger und den richtigen Ball entschieden hatten, kam auch schon die Prozession der Luftschnapper vom Hornberger Schießen zurück.

Kindheit unter Kastanienbäumen

Am meisten sind mir aber die Kastanienbäume auf dem Minigolfplatz in Erinnerung geblieben. Was für große wunderbare Bäume – unsere Freunde. Schattenspendend. Geheimnisträger. Und darunter unendlich Platz, um unsere selbst gemalten Bilder zu verkaufen.

Zehn Pfennige das Stück. Nur Barzahlung möglich. Das muss ziemlich Mitleid erregend ausgesehen haben, abends waren die Bilder verkauft.

Damit so ein Minigolfplatz auch immer schön aussah und vor allem die Bahnen stets frei von Blätterlaub oder den klebrigen Blüten der Kastanienbäume waren, gab es Besen und Lappen und so aus der Besenkammer. Das war unser Job. Da gab es auch gar keine Diskussionen. Wenn die Mutter mit dem Besen in der Hand am Kiosk stand, dann war Putzzeit. Ohne Widerrede. Mutter! Im weißen Schaffkittel, schwarz die Haare. Vaters Besen waren die Pinsel – im Frühjahr wurden alle Bahnen frisch gestrichen. Ordnung muss sein. Am liebsten Hellblau.

Eine Lieblingsbeschäftigung war das Spielen unten am Bach. Wenn die Gutach im Sommer nicht viel Wasser führte, kletterten wir von Stein zu Stein und liefen und hüpften so bis zum Städtle vor. Mitten durch das Gelände der Duravit und auch drunter durch. Ich glaube, das ginge heute nicht mehr so einfach. Zu Hause hatten wir die Keramikklos der Duravit in klein auf dem Tisch – als Aschenbecher. In den Trendfarben Grün, Orange oder Hellbraun, so wie die Originale. Mutters und Vaters (seltene) Reval – oder war es Lord oder gar Roth Händle – lagen daneben. Die Brüder waren eher frankophil: Gitanes. Gitanes ist übrigens Französisch und bedeutet „Zigeunerinnen“. Gitanes war ja auch auf diesen blauen Formel 1 Autos drauf, also ziemlich cool. Schon damals gab es Marketing. Da fällt mir was ein: klar, so pubertierende große Brüder mussten auch mal Stumpen, also Zigarren, probieren. Und den Bubi mal ziehen lassen. Heimlich. Klar. So weit, so schlecht. Also so schlecht, dass ich nie das Rauchen angefangen habe. Große Brüder sind halt doch manchmal zu etwas gut!

Eine Mutprobe war das rund ein Meter durchmessende Rohr der Gasfernversorgung, welches neben der Löwenbrücke und neben der Brücke nach dem Minigolfplatz verlief. Da konnte man so schön balancierend drüberlaufen. So wie die großen Brüder dies taten. Und sich notfalls an der Brücke festhalten. Klar, streng verboten war das. Große Brüder sind nun mal nicht dazu da, den Kleinen Dinge beizubringen, die man durfte, sondern eher die, die man nicht durfte. Siehe Zigarren. Deshalb gab es ja auch auf die Backen, wenn Mutter oder Vater das mitbekommen haben. Oma hätte gesagt: „Kriegsch uff de Nischl“, aber gehauen hat sie uns nie. Einmal, da wurde es ziemlich brenzlig: hinter dem Minigolfplatz war nämlich das Sägewerk – und zum Sägewerk fuhren die Langholzlastwagen, beladen mit schweren Holzstämmen. Ja, und einmal, da hat einer die Kurve nicht richtig bekommen, hat die steinerne Brückenmauer gerammt und ist schließlich seitlich abgekippt. Auf das Rohr versteht sich. Da hatte das Gasrohr eine richtige Bewährungsprobe. Die Worte des Vaters noch heute ganz klar im Ohr: „schnell weg von hier, wenn das in die Luft fliegt, sind wir alle tot." Aber wie ich ihn kenne, hat er vorher noch den Kiosk abgeschlossen. Tot wären wir auch gewesen – danke liebe große Brüder – als wir auf den hohen Holzstiegen im Sägewerk herumgeklettert sind und eine davon zusammengebrochen wäre und uns unter sich begraben hätte. Kam öfters vor, also das Rumklettern oder gar Hütten in den Stapeln bauen. Es roch da so unheimlich gut nach frisch gesägtem Holz.

Nicht selten kam es vor, dass der, also das Kiosk morgens schon offen war. Aufgebrochen, um genau zu sein. Oder noch kreativer: in die Decke war ein Loch gesägt, das Kiosk leergeräubert. Wenn es ganz schlimm kam, waren auch noch die bunten Lampenschirme der Beleuchtung zerschlagen. Da war Vater dann besonders sauer. Auch in den Siebzigern war die Welt nicht immer heil.

Einen Fußmarsch vom Sägegrün zum Minigolfplatz vergesse ich nicht. 1974 war das. Die Stadt wie leergefegt, so wie das ganze Land – und ich vermute in Holland sah es genauso aus. Beckenbauer, Breitner, der Maier Sepp und wie sie alle hießen, standen im Endspiel um die Fußballweltmeisterschaft. Jeder weiß es, Holland wurde Zweiter. Der Mohren proppenvoll, Vater hatte schon einen Fernseher zu Hause – außerdem war der Weg an den Minigolf dann kürzer und die Gefahr im Mohren hängenzubleiben geringer, er wollte den Kiosk ja noch öffnen, deswegen ja auch unser Fußmarsch danach. Nein, einen Autocorso gab es nicht, hatten ja auch nicht alle Autos – und die Jungen schon zweimal nicht, junge Frauen schon dreimal nicht. Aber eine riesige Deutschlandfahne hatten sie. Und da saßen sie nach dem Spiel freudetrunken mitten auf der Bundesstraße vor dem Schuh Schwarz. War aber egal, kam ja eh kein Auto, die saßen alle noch in der Wirtschaft neben dem Zapfhahn. Ob die Menschen danach noch an den Minigolfplatz geströmt kamen, um Vaters Kühlschrank zu leeren, weiß ich nicht mehr. Für uns gab es auf jeden Fall das WM-Eis von Langnese – wie hieß das noch gleich? Wer weiß das noch? Das war glaub ich das Maskottchen – oder die zwei Maskottchen? Ach ja: Tip und Tap als Erdbeereis am Stil! Tagsüber arbeitete Vater fleißig in der Firma Schiele, abends und am Wochenende am Minigolf. Damit es den Kindern einmal besser gehen würde. Alle durften sie auf höhere Schulen.

Mädle imponieren

Fünfzehn getrödelte Gehminuten vom Minigolf entfernt ist das Schwimmbad. Dennoch konnte ich bis ins Jugendalter nicht schwimmen. Nicht wegen diesen genoppelten Gummibadekappen, sondern: wer hätte es mir beibringen sollen? Die Eltern am Minigolf und Oma ging nicht mit ins Schwimmbad. Und die großen Brüder hatten nur Blödsinn im Kopf – deshalb verbindet den Minigolfplatz und das Schwimmbad eine besondere Geschichte. Also wegen des Blödsinns. Es war so Mitte der Siebziger, als ein Krankenwagen mit Blaulicht und Martinshorn am Minigolf vorbeiraste, gen Schwimmbad. Der Bubi war mit dem großen, dem mittleren Bruder Helmut im Bad, also gab es spontane Elternsorge am Kiosk. Als der Krankenwagen trotz Eile auf dem Rückweg am Minigolf anhielt, bekam die Sorge auch einen triftigen Grund, besonders als der Sanitäter zum Kiosk rief: „eurer isch`s!“ und die Mutter besorgt antwortete: „Jeses, de Klei!“ „Nei, de Groß!“ kam es vom Fahrzeug zurück. Man kannte sich im Städtle. Was war geschehen? Wie gesagt: nur Blödsinn im Kopf. Der große Bruder musste unbedingt stehend die Rutschbahn hinunter, den Mädchen imponieren, statt dem kleinen Bruder das Schwimmen beizubringen – und so eine Rutschbahn ist, wie der Name schon sagt, sehr rutschig. Also ging es im wahrsten Sinne des Wortes daneben, mit dem Kopf auf den Beckenrand und von da ab ins beheizte Wasser. Der Herr Ketterer (wenn ich nicht irre) – nicht der mit dem Bier, sondern der Handball-Ketterer vom TV Hornberg – hat´s mitbekommen und ihn gleich aus dem Wasser gezogen. Und da lag er nun bewusstlos neben dem Becken in seinem Eigenblut, der große starke Bruder. Eine wunderfitzige Menschenmenge drumrum. Ob das den Mädle imponiert hat, weiß ich nicht mehr. Schnell noch das Kettchen für den Kleiderspint vom Arm gemacht bevor man ihn auf der Sanitätsbahre wegtrug (wer will schon in Badehose heimlaufen), und alleine zu Fuß nach Hause gegangen. Den Tretroller und des Bruders Fahrrad geschoben. Unterwegs führte der Weg an der Brauerei Ketterer durch, wo der ganz große Bruder jobte. Leergut sortieren (was ein Duft von Hopfen und Malz in diesen Hallen). Einfach reinmarschiert, nix Personenkontrolle und so. Und erst mal losgeheult. Trost vom ganz großen Bruder Jörg erhalten und weiter marschiert zum Golfplatz, wo besorgt die Mutter wartete. Der Vater, ebenso besorgt, war mit ins Krankenhaus gefahren. Schwere Gehirnerschütterung. Aber: nicht auf einer Intensivstation lag der arme Kerl, sondern im Krankenzimmer. Also: nach dem Aufwachen erst mal aufstehen und Fernseher an. Da muss ich jetzt auch nicht Medizin studiert haben, dass das nicht gut sein kann. Und so hatte der arme Helmut immer wieder Kopfweh, wenn das Wetter umschlug.

Das Schwimmbad hatte auch einen Kiosk – der hat den Strezelskis gehört, der Mario einer meiner besten Freunde. Dort gab es immer etwas zum Schlecken (Schlecken ist schwarzwälderisch für Naschen, also „etwas zum Naschen") und, wenn ich jetzt nicht irre, „ne heiße Wurschd im Weckle". Von den Groschen der Oma oder den großen Brüdern, wenn Vera und ich denen geholfen haben, das A&O-Blättle auszutragen. Nein, nicht dort, wo es einfach mit vielen Briefkästen gewesen wäre, sondern an diesen neumodischen Terrassenhäusern mit vielen Stufen zum Beispiel. Treppe hoch und wieder runter. Blöd waren die großen Brüder ja auch nicht.

Wie dem auch sei, Vera und ich haben uns dann auch alleine ins Schwimmbad getraut, wir hatten nun ja ein

Vorbild, wie man es nicht macht. Und da gab es einen ganz feinen Kerl, den Krebstekies. Der hatte ein cooles Motorrad und hat uns auf dem Gepäckträger vom Schwimmbad zum Minigolf oder umgekehrt mitgenommen. Sogar mit Erlaubnis der Eltern. Klar ohne Sturzhelm – was denkst Du denn? Das Schicksal meinte es nicht gut mit ihm – bei einem Motorradunfall hat er ein Bein verloren, nicht aber die Lebensfreude, wenn ich mich recht erinnere. Motorradfahren war auch in den Siebzigern schon gefährlich. Für uns Kinder bedeutete das nie mehr bei jemandem hintendrauf sitzen dürfen. Wie es ihm heute wohl geht, dem feinen Kerl?

Apropos feiner Kerl. Auf dem Weg zum Schwimmbad, kurz vor dem Fußballplatz, da gab es eine Firma. Da hat der Andy Schladderer gearbeitet, gewichtiger Freund meiner großen Brüder mit Bart und dunkler Mähne. Wenn der Tretroller mal kaputt war, ab zum Andy, der hat ihn dann wieder zusammengeschweißt.

Später, da wollte man mir dann doch hochoffiziell das Schwimmen beibringen, die Eltern haben mich zum Schwimmkurs angemeldet. Beim Herrn Zayons. Und den mochte ich nicht, das war ein Lehrer aus der Schule. Der hat immer seinen Schlüsselbund durchs Klassenzimmer geschmissen, zwecks Ruhe jetzt und so. Statt in den Schwimmkurs hat der mich erst mal in den Wassergewöhnungskurs gesteckt. Nase zuheben und ins tiefe Becken hopsen – so ein Blödsinn. Außerdem konnte ich da ja gar nicht mehr stehen! Und im Sportunterricht wollte der mich doch glatt die Seile hochschicken! Da kann man doch runterfallen! Doch zunächst ging es in den Kindergarten.

In der Ecke stehen

Meine Schwester Vera ist ja, ich weiß nicht, ob ich das schon erzählt habe, ein Jahr älter als ich, neunzehn Monate und fünfzehn Tage, um genau zu sein, deswegen musste ich nicht nur ihre abgetragenen Klamotten anziehen, sondern kam auch ein Jahr später als sie in den Kindergarten. Deshalb spielten wir dort auch getrennt. Die Brüder, ihr könnt es euch denken, deutlich älter.

Der evangelische Kindergarten. Ja, das evangelisch ist wichtig. Mutter war evangelisch, Vater katholisch. In der katholischen Kirche durften sie deswegen nicht heiraten, und in der evangelischen auch nicht. Deswegen gibt es auch kein Hochzeitsfoto. Nur Standesamt und Basta. Das hatte die Kirche nun davon. Unterhalb des Pavillons am Bahnhofsberg war nun also dieser evangelische Kindergarten gelegen, ein längliches, schlichtes Gebäude mit einem großen Spielplatz im Hof und einer vom Zauneingangstürchen an ansteigenden Mauer zum Bahnhofsberg hin um den Platz des Spielens. Da konnte man so schön hochklettern und wieder runterhopsen. Ein Auge auf die Mädle werfend, ob sie auch schauen. Die Heike zum Beispiel. Deswegen war Bubi auch ganz aufgeregt, wenn es morgens in den Kindergarten ging. Hätte er aber nie zugegeben. Niemals! Das machte es auch einfacher, die Oma zu vergessen, die sonst stets um einen herum gewesen war. Um meinen Hals hing eine weiße Plastiktrinkflasche mit einem Bildchen drauf und einem grünen Deckel oben zum Zudrehen. Und wenn wir nach ein paar Tagen in die Flasche schauten, dann war die da unten so schwarz. Auch hatte ich ein Täschchen über der Schulter, kann sein, dass da ein Bär drauf war, auf jeden Fall hatte es einen Schließknopf, so wie eine silberne Wippe oder viel mehr gerillte Minirampe zum Runterdrücken, die man durch den silbernen Bügel schieben musste, was die Wippe dann ja auch runtergedrückt hat, um am Ende, die Tasche schließend, hochzuschnellen, dann war die Tasche zu, gell! Da war eine Brotzeit drin, badisch Vesper. Mehr weiß ich nicht mehr, so ging es jedenfalls in den Kindergarten. Beim ersten Gang wurde der Weg gezeigt, ab dann alleine. Oder mit Vera halt. Vom Sägegrün zunächst über die Brücke bis zum Foto Mayer (der hat auch das Passfoto mit der Prinz Eisenherz-Frisur gemacht) und über die Straße, die Bundestraße 33 wohlgemerkt, nix Umgehungsstraße durch den Tunnel und so wie heute, zum Schuh Schwarz gegenüber. Das war der mit den lustigen Salamander Lurchi-Heftchen. Nun nur noch vor bis zum Haus vom Doktor Beck, unserem Kinderarzt, und dann den steilen Weg zur Bahnhofstreppe hoch, aber vor den Treppen bitte zum Kindergarten abbiegen. Eigentlich ganz einfach, wenn der Doktor Beck nicht ein kleines Reh, ein Bambi, in seinem Garten gehalten hätte, wo wir Kinder dran vorbeimussten – das konnte dann schon mal länger gehen. Mein Gott, wie hieß denn die Tante, also die Kindergärtnerin? Um Himmels Willen, es fällt mir nicht mehr ein. Schande. Aber die Oberschwester, das war die Frieda. Eine Ordensschwester mit so einem Ordenskleid und weißer Schürze, die gebunden auf dem Rücken ein X ergab. Und eine weiße Haube hatte sie auf. Ein Leben für die Kinder. Meine Hauptbeschäftigung fällt mir aber ein: in der Ecke stehen. Irgendetwas war ja immer. Jetzt muss ich selber grinsen. Im Gedächtnis geblieben ist mir auch der Keller. Nicht, weil ich darin eingesperrt war, sondern wegen den Äpfeln. Denn wie bei Oma, lagerten im Keller Äpfel und wir Kinder durften uns zu bestimmten Anlässen einen nehmen. Kindheitsduft! Da waren auch so Bänke zum Schuhe an- und ausziehen. Und Kleiderbügel für die Jäckchen. Ach, mein Gott! Schlimm wurde es, wenn wir beim gemeinsamen Spaziergang im Wald auf die Oma trafen, womöglich noch mit dem Besuch aus Hamburg, und wir mussten bei den anderen Kindern bleiben. Umso größer die Freude, wenn der Kindergarten aus war und Oma beim Gärtchen vom Doktor Beck wartete – da konnte ich rennen! Klar, denn schon kurz danach gab es Kaba mit Flöckle in Omas Küche. Anschließend ran an die Allzweckkommode, um diese Wachsmalstifte rauszuholen. In so einer Blechdose mit rotem Deckel und einer Sonne drauf, die Stifte in einem weißen Schaft, zum Vorschieben und Einhaken. Ach, ich rieche diese Stifte noch ganz genau. Kräftig bunt aufs Blatt geschmiert und noch dicker über alles Schwarz darüber und ein Motiv rausgekratzt – gell?! Der Oma gezeigt, was wir im Kindergarten gelernt hatten. Das klingt jetzt komisch, aber mehr fällt mir zum Kindergarten nicht ein. Außer, es war Sommer, da spazierte Oma nach Kindergartenschluss mit uns zum Minigolfplatz, wo der soziale Aufstieg der Langenbachers begann. Die Mutter hatte nun ja auch wieder Zeit zum Arbeiten. Da gab´s von der Oma oft ein Eis, Dolomiti oder Brauner Bär zum Beispiel. Wir sangen und tanzten beiden vor, was wir gelernt hatten: „Auf der Mauer auf der Lauer sitzt ne kleine Wanze…“. „Mein Hut, der hat drei Ecken, drei Ecken hat mein Hut…“, „Drei Chinesen mit dem Kontrabass…“, und natürlich die „Zehn kleinen Negerlein...“. Und zeigten beiden stolz das Selbstgebastelte. Wenn wir es nicht gerade mal wieder im Kindergarten vergessen hatten.

Bevor wir den Minigolfplatz gepachtet hatten, hat Mutter bei PE gearbeitet, das waren die mit den tollen Plattenspielern. Dort, wo heute der Schofferpark mit den Senioren ist, denn vor DUAL war dort die Schoffer Buntweberei. Auf jeden Fall hatten diese in Holz gefassten DUAL-Plattenspieler einen Deckel zum Hochheben, zwecks nicht Verstauben und so. Kann man im Suff ja auch mal mit dem Klo verwechseln und in den Plattenspieler kotzen. Die Chance steht fünfzig zu fünfzig, welcher der Brüder es war. Ich sag nix. Der andere hat dafür unsere schöne Eichenholzkuckucksuhr grellbunt angemalt. Vaters Erziehungsmaßnahme war die gleiche, siehe Michel aus Löneberga, was gleich folgen wird….

Sägegrün und Löcher im Kopf

Als ich 1967 geboren wurde, wohnte meine Familie noch in der Frombachstraße, welche zum Schwimmbad führt, da habe ich aber keine Erinnerungen dran. Bald darauf ging es in eine riesige Wohnung im Sägegrün gleich neben dem Spritzenhaus. Ein altes Haus, aus heutiger Sicht würde ich „leicht heruntergekommen" dazu sagen. Zumindest von außen. Sägegrün war nur eine kleine Gasse: links das Haus der Familie Radke mit großem Garten, hohen Bohnenstangen und einem Zaun zum Drüberklettern, dahinter die Gutach im Bachbett hoher Stützmauern. Rechts ein längeres dreigeschossiges Haus mit mehreren Eingängen, einer davon, der zweite, mit der Hausnummer 4, war unserer. Ein schmaler Hausflur, dann eine Treppe, die eine Kehre machte. So dunkel das Treppenhaus, so hell die Wohnung. Im Erdgeschoss eine Schreinerei. Die Wohnung hatte sechs Zimmer, das „gute" Wohnzimmer (für die besonderen Anlässe) so groß wie heute eine Drei-Zimmer-Wohnung in Berlin. Und erst der Balkon (im Schwarzwälderischen heißt auch eine Terrasse gerne mal Balkon), der (oder die) war so riesig, dass wir darauf das Fahrradfahren erlernten. Oder es zumindest versuchten. Hinter unserem Mietshaus, sprich hinter dem riesigen Balkon, da stand ein schmuckes Haus der Elektrizitätswerke, der EGT, Palmer hieß die Familie, die darin wohnte und zwei Töchter in unserem Alter hatte (was aus ihnen geworden ist?). Mit denen spielten wir dieses Klick-Klack, also, oben heben, an zwei gleichlangen Schnüren war jeweils eine bunte Holzkugel. Dann unten KLICK, oben KLACK, unten KLICK – bis man sich diese Kugeln selber an die Finger schlug. Klar. Oder wir verzweifelten an diesen Jojos. Unterhalb des Balkones standen über das Offenbächle hinweg die schlichten Wellblech-Baracken der Gastarbeiter der Steingut, hatte ich glaub schon erwähnt. Bewohner im Offenbach waren Ratten – da hatte Vater aber sein Gegenmittel: das Luftgewehr, Vater war ja im Schützenverein. Treffsicher und geübt war der Vater, Luftgewehrspezialist, wie schon erwähnt, denn er hatte eine spontane Eingebung gehabt, um immer besser zu werden: die Länge des Hausganges in der Wohnung zu messen. Und siehe da, diese war etwas über 10 Meter lang, also ideal, um das Luftgewehrschießen zu üben. Dazu hatte er so eine Vorrichtung gebaut, in die er die Scheibe einspannte und die die Kugeln auffing. Peng. Peng. Peng. Während des Trainings hatten wir Kinder Hausflurverbot und Still-sein-Gebot zwecks

Konzentration und so. Mach das heute mal. Und weil der Wohnungsflur so lang war, konnte man darin super Ringelrein spielen. Immer im Kreis drehen. So weit so gut. Nur, wenn Vater Fußball schaute, Schwarz-Weiß mit Querstreifen, auch dann hatte es ruhig zu sein. Und Ringelrein spielen geht entweder laut oder gar nicht. Also ging die Wohnzimmertür auf und Vater machte einen Schreier (das konnte er ganz gut). Das weckte sofort den Fluchtinstinkt bei meiner Schwester und mir, was aber nach einigen Runden Ringelrein nicht mehr so einfach ist, wegen schwindelig und so. Also endete die Flucht mit dem Kopf an einem Heizungskörper – der damals noch scharfe Lamellen hatte – und Vaters Fußballspiel endete beim Doktor (nix Notarztwagen rufen und so, selbst ist der Mann). Zurück kam der Bubi mit großem Turban auf; und Fäden im Kopf. „Das wird nix mit dem geplanten Urlaub", so der Doktor und „das wollen wir doch mal sehen", der Vater. Und so saß der kleine Sohn zwei Wochen später im Sommerlicht auf dem Fenstersims des Hotelbalkons in Feldkirch, Partnerhotel der Firma Schiele, und der Vater zog mit einer Pinzette die Fäden aus dem Kopf. Selbst ist der Mann.

War es nicht das Ringelrein, so half die Schwester nach, und das ging so: Vera saß auf dem Sessel, ich auf der Lehne; Vera steht auf, Sessel kippt mit samt dem kleinen Bruder um. Kopf an Heizung mit Lamellen. Loch im Kopf. Doktor. Nähen. Selbst ist der Mann.

Ich habe das mit dem Loch im Kopf aber auch ganz alleine geschafft, ich brauchte da nicht unbedingt Hilfe dazu; wir hatten da so ein kleines Luftgewehr Zuhause, so eines wie an den Schießständen auf dem Jahrmarkt. Und die haben ganz vorne am Lauf so eine Spitze zum Zielen. Den Lauf musste man Abknicken, um das „Kügele" einzulegen, bissl auf dem großen Balkon rumschießen. Beim Zumachen dumm angestellt und schon war wieder ein Loch im Kopf. So knapp neben der Schläfe, um genau zu sein. Der große Bruder half: Taschentuch drauf und ab ins Bett, bevor die Mutter kommt und schimpft. Die ist gekommen, hat im Kinderzimmer nach dem Rechten geschaut und hat – nein nicht geschimpft – sie hat fast einen Herzinfarkt bekommen, denn der Bubi lag schlafend in einem roten Kopfkissen. Den Rest könnt ihr euch denken. Selbst ist der Mann – nur dieses Mal etwas schneller.

Das zweite Wohnzimmer war das für den Alltag. Zum gemeinsamen Spielen und Basteln zum Beispiel. Unsere Spiele auf dem Tablet hießen Puzzle, unsere Playstation Märklin-Kasten. Die allererste Erinnerung ans Puzzeln war dieser kleine Kasten, mit ich glaube zwei auf vier Würfeln drin, also sechs. So vier auf vier Zentimeter groß. Darauf Rotkäppchenmotive und so. Macht bei sechs Flächen am Würfel sechs unterschiedliche Puzzle. Später wurden das Tausenderpuzzle mit Bergmotiven, Vaters Lieblingsmotive. Dazu hatte Vater extra eine Puzzlesortier- und Aufbewahrungsplatte sowie eine Puzzlemachplatte organisiert. Komm da als Kind beim Rennen bloß nicht dran sag ich dir! Ach dieser Märklin-Kasten! Vater hatte extra eine riesengroße Box gebaut, mit vielen Fächern, unterschiedlich groß, da kamen diese grünen Stäbe, die Winkel, alles in unterschiedlichen Längen aber mit vielen Löchern für die Schrauben sowie die Schrauben für sich, auch in unterschiedlichen Längen, sowie die Muttern rein. Immerhin gab es nur eine Größe an Muttern. Immerhin. Nicht zu vergessen die Räder, die runden Teile, das Lenkrad für die Autos und-so-weiter-und-so-fort-was-weiß-ich-was-noch-alles. Da war Vater dann auch sehr streng, dass das alles akkurat sortiert war. Sehr akkurat. Da gab es keinen Spielraum. Mit diesen Stäben und Winkeln und Rädern und Schrauben und Muttern bauten wir dann allerlei: Autos, Lastwagen, ja sogar funktionierende Krähne – denn es gab auch Kurbeln und Schnüre und Aufwickelräder in dem Kasten. Vater war da sehr tüftlerisch. Er hat ein Lenkmechanismus gebaut, so dass wir, also ich, den LKW auch lenken konnten. Blöd an den Schrauben war dann nur, dass man, also ich, sich die auch in die Nase stecken konnte. Weit hoch. Sehr weit hoch. Nicht locker, sondern ganz fest. Da half auch kein Selbst ist der Mann, da musste wieder mal der Doktor her. Mit Playstation wäre das nicht passiert.

Gefüllte Socken und Klementine

Das gute Wohnzimmer, in dem Mutter Samstagabend immer auf die große, sich drehende Glaskugel mit den 49 Kugeln drin im Schwarz-Weiß-Fernseher starrte, den Lottozettel in der Hand, den Traum vom sorglosen Leben träumend, war so groß, dass die großen Brüder darin sogar Handball spielen üben konnten. Klar, heimlich, war ja die gute Stube. Nein, nicht mit einem echten Ball, sondern mit einem mit Sand gefüllten Socken. Aber gerumpelt hat das trotzdem immer ziemlich, wenn sie den Fallwurf geübt haben, beide waren im Hornberger Handballverein gewesen. Das Rumpeln hat natürlich auch das „Hänsle“ geärgert, ein alter Mann, welcher über uns wohnte. Der rumpelte dann von oben dagegen, die Antwort der Brüder war der Besenstiel, mit dem an die Decke geklopft wurde. Das hatten sie vom Vater, der machte das auch immer so. Das war eine regelmäßige Beschäftigung. Nix „Ruhe oder ich rufe die Polizei". Wegen so etwas wäre Polizist Endres mit seinem dunkelgrünen Käfer auch gar nicht erst gekommen. Eine andere beliebte Disziplin war das Weckgummischießen. Dies bedeutet, dass je ein großer Bruder mit einem kleinen Geschwister eine Barrikade im großen Wohnzimmer baute, hinter der wir Schutz fanden; auf der anderen Seite des Schlachtfeldes die andere Barrikade. Diese roten Weckglasgummis mit dem halbrunden Knuppel an der Außenseite waren ideal zum Spannen und gezielt Schießen: schnell für einen Moment die Deckung verlassen und hoffen, dass vom Gegenüber auch gerade jemand ohne Deckung war. Das ging so lange gut, „bis eins plärt hett" (badisch für „geheult hat"), wie Oma sagen würde. Klar, das war entweder meine Schwester oder ich. Gelernt hat man nichts daraus, am nächsten Tag ging es genauso weiter. Mit Gepolter von oben und Besenstiel von unten. Armes Hänsle. Vater hat ihn immer nur „giftiges Hänsle" genannt. Er wusste ja nicht, was der Hans den ganzen Tag alles aushalten musste! Nach dem anstrengenden Gummischießen wurde ja auch stets gut gelüftet und aufgeräumt, wegen den synthetischen atmungsunaktiven T-Shirts der großen Brüder. Damit Vater und Mutter nichts merkten. Unschuldslamm-Mienen.

Unterhalb des Kinderzimmers rauschte der Bach vorbei, permanente Geräuschkulisse. Im Urlaub, fern der Heimat, hatten wir dann immer Angst, weil alles so still war. Meine Brüder hatten es da praktischer: sie konnten aus ihrem Zimmer auf den Balkon, sprich die Terrasse, klettern. So weit so gut. Und am Ende der großen Terrasse, die außen rum mit gelbem halbtransparenten Wellenplastik verkleidet war und in der Mitte die Wäschespinne trug, da konnten die beiden auf eine Mauer unterhalb klettern und von dort auf die Gasse springen. Und natürlich den Weg auch wieder zurück. Die Legende sagt, dass die großen Brüder das gerne ausgenutzt haben, denn sie saßen viel lieber beim „Felsen-Karle" am Tresen, als im Bett zu liegen. In der Zeit, als die Eltern noch den Minigolfplatz hatten, war dies eine gefährliche Sache mit dem Zeitmanagement – sprich vor den Eltern zu Hause zu sein – es gab keine geregelten Schließzeiten, also wurden unter die Bettdecken die Kissen so gestopft, dass es aussah, als ob jemand unter denselben liegen würde, falls Mutter nach Feierabend am Minigolf ihren prüfenden Blick ins Zimmer warf. Als aus dem Minigolf die Bahnhofswirtschaft, das „Bahnhöfle" wurde, dazu gleich mehr, da hatten es die Brüder schon einfacher. Denn vom Felsen-Karle sah man das Leuchtwerbetransparent oben vom Bahnhöfle. Und wenn das Licht des Transparentes ausging war Ladenschluss am Tresen, dann war beim Felsen-Karle Eile angesagt. War aber eine sichere Sache. Bis auf einmal. Blöd nur, dass die großen Brüder gerade bei diesem einen Mal die kleinen Geschwister mitgenommen hatten, alle an der Theke die Zeit vergaßen. Bis die Tür aufging und Mutter im Rahmen stand. Dort, wo der Schreiner das Loch gelassen hatte, damit die Gäste das Wirtshaus betreten oder eben verlassen hätten können. Mutter kannte ihre Pappenheimer und wusste, wo zu suchen war. Für diese Fälle gab es die Schreinerei unter uns im Sägegrün. Denn am Boden der Schreinerei, da war eine Klappe. Und unter der Klappe war einer unserer fensterlosen Kellerräume. In diesen konnte man durch die Klappe Holz werfen, welches Vater für den „Bullerofen", sprich den großen Heizungsofen brauchte. Zum Heizen und für das warme Wasser. Vorher musste es aber klein gesägt und kleingehackt werden. Und so kam es, wie beim Michel aus Löneberga: dieser Kellerraum war der Brüder Lieblingsplatz, wenn der Vater oder die Mutter sie bei etwas erwischt hatten. Die Legende sagt, dass sie da oft drinnen saßen und gesägt haben. Wahrscheinlich kommt da auch der Name Sägegrün her. Holz zum Sägen ging dem Vater nie aus, denn er hatte ja seinen Opel Rekord mit großem Kofferraum und am Schwarzwälder Wegesrand stand immer irgendwo eine Steige Holz. Da waren dann auch gleich einige Scheite im großen Kofferraum verschwunden. Das ging ganz schnell. Aber das ist verjährt. Die Waldbauern sind ja auch selbst schuld gewesen, was lagern die auch so verführerisch ihr Holz an den Waldparkplätzen. Einmal, ja einmal, da hat der Vater das mit dem Bullerofen übertrieben, die Temperatur und das Bullern stiegen und stiegen, er hat da wohl etwas zu viel von dem guten, trockenen Schwarzwaldholz hineingetan. Der Ofen bullerte immer mehr, der Vater wurde hektisch: „schnell das Wichtigste in den Koffer, alle Heizungen voll aufdrehen und nix wie raus hier und hoffen, dass der Ofen abkühlt." Tja, so war das damals mit dem Heizen. Und Holz besorgen.

Apropos Wäschespinne: die Mutter mit diesem Beutel um die Hüfte, darin die bunten Wäscheklammern, die wir ihr reichen durften, während sie sich nach den Wäscheleinen streckte. Wäsche gab es viel aufzuhängen bei vier lebhaften Kindern. Dazu dieser Duft von Klementine's Omo für die Oma (oder war es Ariel? So ist das nun mal mit der Werbung – man erinnert sich an die Titten aber nicht ans Produkt) oder der Duft von Persil von diesem Mann im Fernsehen, der am Schluss immer „Guten Abend“ statt „Gute Nacht“ sagte, was wir als Kinder total, also total, unlogisch fanden. Ich fand ja die Klementine lustiger – außerdem hatte die so riesige Trommeln mit dem Waschmittel drin, die, wenn leer, ideale Aufbewahrungsbehälter mit Deckel und Blütenduft waren. Praktisch gegen muffelnde Socken im guten Wohnzimmer. Gell? Ariel wars. Gell!

Moulinex

Die Küche – ach du große Küche. Mit geriffelter Glasscheibe in der Tür. Mit so Küchenmöbeln, die hellblaue, hellgelbe und hellrosafarbene Schiebetüren hatten. Hängeschränke und Oberschränke. Retro würde man heute sagen. Passend zu den Nierentischen und der Stehlampe im Wohnzimmer. Ein großes holzverkleidetes Radio stand in der Küche. Mit diesen grünen Röhren, deren Inhalt erstmal aufsteigen musste, bevor aus den Lautsprechern Musik kam. Zwei große weiße Drehknöpfe gab es und viele Städtenamen an der Skala, was egal war, weil immer der gleiche Sender drin war. Hinter einer dieser Schiebetüren stand der Plattenspieler mit 33er und 45er Geschwindigkeit sowie dem Stift, um mehrere Platten aufzulegen, die nacheinander abgespielt wurden, ihr wisst schon. Hinter der anderen Türe ruhte, wenn ein Festtag nahte, tagelang die gute weiße Porzellanschüssel, so mit leichten Wölbungen am Rand und Blümchenmuster sowie kunstvoll geschwungenen Henkeln. Darauf ein nicht minder kunstvoller schwerer Deckel mit wundervollem Griff. So eine große noble Suppenschüssel eben. Aber von wegen Suppe! Nein – da war der Sauerbraten drin, eingelegt in Wein und Essig und Zwiebeln und Karotten und was weiß ich noch alles. Darin ruhte er und darin zog er. Das hat dann so geduftet in der Küche.

Mutter – ach Mutter. Mit Schürze stand sie in der Küche, hat gekocht, gebacken, gebraten, gespült. Klar, zum Geschirr abtrocknen hatte sie genügend Kinder und Geschirrtücher. Zum Spülen war wichtig, dass Mutter diese blaue Plastikflasche mit rotem Deckel kaufte, die mit den Bäbbern, also Aufklebern drauf zum Abziehen. So Blumen. PRIL-Blumen. Die klebten wir dann auf die wunderschönen Küchenmöbel. Oh Schande! Nix Geschirrspülmaschine wegen eines kleinen Sechspersonenhaushaltes, mit Oma am Sonntag sieben. Obwohl, mit den Jahren dann doch, Miele. Mit orangefarbenem Druckknopf zum Tür öffnen und einem für uns Kinder faszinierenden Wasserpropeller drinnen. Dann gab es halt Streit unter den Kindern, wer diese ein- und wer ausräumen musste. Und auch nix Thermomix – ne, ne, alles Handarbeit. Irgendwann hat eine Moulinex Einzug gehalten, hat die gute alte „Zick, Zick, Zyliss" abgelöst: Mouuuu-liiii-neeeex! Klar, in Orange. Oben Deckel auf, Zeug rein, Deckel wieder drauf und kräftig draufdrücken. Mouuuu-liiii-neeeex! Aber uffbasse mit dem scharfen Messer, so wie ein kleiner Propeller im Gerät, beim Putzen. Außerdem ein elektrisches Messer, eine elektrische Kaffeemühle – und klar eine elektrische Kaffeemaschine – Beginn des Stromverbrauches in der Küche, war ja noch ganz billig.

Der Fernseher hat schon immer Strom gebraucht, war ja kein Kasperletheater mehr. Aus Kasperle und Krokodil wurde der Tölke Wim. „Tööööölkeeee!" Ach ja, der Wum und der Wendelin. Wenn die im Fernsehen kamen, blöderweise immer erst am Schluss der Sendung (welcher Intendant kam denn auf die Idee, Wum und

Wendelin an den Schluss und nicht an den Anfang der Sendung zu setzen?), da hat Mutter uns nochmal aus dem Bett geholt, das durften wir schauen. Der große Preis. „Samstag in acht Tagen!“ „Dalli Dalli“ mit Hans Rosenthal fing glücklicherweise früher an. D-A-L-L-I K-L-I-C-K. Und dann ist er gehopst, der Hans. Und wir haben fleißig mitgeraten. So ein Vorläufer von „Wer wird Millionär?“, als es noch keine Millionen zu verschenken gab. Wer hätte auch Telefonjoker sein können, so ohne Telefon zu Hause?

Wirtschaftswunder

Der Herr Kaltenbach war ein immer lustiger Mensch. Er war der Postbote. Bei Oma und bei uns Zuhause. „Poschdbibbl“, hat Oma ihn genannt. Ein fröhliches rundes Gesicht, eine Mütze mit Schild und Posthorn auf dem Kopf. Um die Schulter hing die schwere Ledertasche an einem breiten Lederband. In der Tasche waren all die vielen Briefe. So ging Herr Kaltenbach zu Fuß von Haus zu Haus. Das Besondere an dem geselligen Mann waren die Arme. Zwei an der Zahl. Eineinhalb, um genau zu sein. Während an dem einen Arm noch eine flinke Hand ihren Postbotendienst versah, so ragte aus dem anderen Arm, oder besser gesagt Holzstumpf, ein Haken. So wie in Piratenfilmen. Herr Kaltenbach war dennoch fröhlich, er hatte den Krieg überlebt, der eine Arm jedoch nicht. Warum er an einem Arm nur einen Eisenhaken hatte, fest, massiv, vermutlich Kruppstahl, hat uns Kindern niemand erklärt. Das war halt so. Warum Oma alleine war, so ganz ohne Opa – das war halt so. Wirtschaftswunder. Heile Welt. Judenfürzle, Mohrenköpfe.

Je mehr die Kindheit endete, desto deutlicher wurde der soziale Aufstieg durch Arbeit, Arbeit, Arbeit, Arbeit. Wirtschaftswunder, umso knapper die Zeit für Ausflüge mit den Kindern. Nach dem Minigolfplatz folgte selbst das Betreiben einer Gaststätte, also einer Wirtschaft, wo der Wirt schafft, und die Wirtin auch, selbstständig, also selbst und ständig, die Bahnhofswirtschaft, um genau zu sein: das „Bahnhöfle". Wirtschaftswunder.

Das Bahnhöfle

Los war immer etwas im Bahnhöfle: am runden Stammtisch der „Icke" mit Kriegs-Humpelfüßen, die in klobigen, schwarzen Schuhen steckten, unterschiedlich hoch die Sohlen. Er erschien immer mit dem Mofa. Dann war da der Werner, und einer, der immer auf einer orangenen Kreidler angequalmt kam. Gewürfelt haben sie oder Karten gespielt. Und natürlich viel geraucht. Der Werner dicke Zigarren. Nahezu jeden Tag. Mutter musste oft die grauen Gardinen reinigen. Kalter Rauch. Auch so ein Kindheitsduft. Ecklig. Mittags kamen die Handwerker in ihrer Pause, Mutters Bratwürste essen oder Fleischkäse mit Zwiebeln aus der Pfanne. Mit Brot, nix Pommes oder so. Muss ich erzählen, weil lustig: Einmal hat einer gebackenen Fleischkäse mit Zwiebeln bestellt, Mutter hat mich angeschickt die Bestellung aufzunehmen und in der Küche auf die Pfanne aufzupassen. So weit, so gut. Und weil der nix zum Trinken bestellt hat, hab ich gedacht, dem gebe ich ordentlich Salz auf die Zwiebeln. Hat nix genützt. Entweder mochte er viel Salz oder er hatte kein Geld für ein Bier. Beschwert hat er sich übrigens nicht (die Kulanz ist mittlerweile auch abgelaufen). Später habe ich dann ein schlechtes Gewissen gehabt wegen dem armen Kerl. Abends war Vaters Restaurationsbrot, also „Bahnhofsplatte“, der Renner. Was auch zu Scherzen führte, da die Frisur mittelalterlicher Herren in den Siebzigern oft schon eine Platte mit umliegendem dünnem Haar war, so auch bei Vater. Eine Bahnhofsplatte eben. Ein Renner war auch die Musikbox in der Wirtschaft. Mit Druckknöpfen. Eine Reihe mit Buchstaben, die andere mit Zahlen. Dazu Schildchen, welches Lied, welche Kombination hat. A4. K7. M11. „U la Paloma Blanca", „Ein Bett im Kornfeld", „Im Wagen vor mir fährt ein süßes Mädchen – ratta ratta rattatatata...", „Oh, schöne Maid, hast du heut für mich Zeit – ho ja ho ja ho, schabadabadu schabadabadu", „Sailing", „Mississippi". Wenn der Schallplattenmann zum Tauschen der Platten kam, gab´s die alten Platten für fünfzig Pfennige, entsprechend groß ist heute noch die Plattensammlung in des Schwesters Keller. Die Musikbox im Bahnhöfle ein Spiegelbild der ZDF-Hitparade mit dem schnellredenden Dieter Thomas Heck oder Ilja Richters „Licht aus! Spot an!" Das haben wir bei der Oma geschaut. Dazu gab es „Würmle", sprich Flips, in der Kristallschüssel sowie silbernen Sprudel aus Omas Flasche neben den Füßen in den warmen Hausschuhen.

Wenn „Benno" ins Bahnhöfle kam, dann waren wir Kinder glücklich. Benno hieß eigentlich Klaus und Benno war sein Schäferhund. Den durften wir geduldig knuddeln, also den Hund. Der Klaus war Kohlenträger beim Hermann Aberle Agrarhandel am Fuße des Bahnhofberges. Und so kam es zu einer Wette, nämlich dass der Benno, also der Klaus, einen Sack Kohlen ohne Abzusetzen bis ins Bahnhöfle tragen könne. Was er dann auch tat. Mit Benno und Benno durften wir Kinder nach Hausach zum Sommerfest auf den Hundeplatz fahren und mit Benno, dem Hund, den Parcours laufen. Als Belohnung gab es eine Wurst. Auch für die Bennos. Nur einmal hat Benno, der Hund, im Bahnhöfle Ärger gemacht. Das muss am Tag des Ballonfestes gewesen sein, denn da kamen Kinder mit Luftballons rein, gefüllt mit Gas versteht sich. Und irgend so ein Schlauer hat die Zigarette in einen Ballon gesteckt. PENG!!! Direkt neben Benno. Und Benno tat, was ein Benno tun muss, wenn er fast zu Tode erschreckt bei dem Knall und dem Gas. Und Benno der Klaus tat auch, was ein Benno von Benno tut, wenn man seinem Benno wehmachen tut. Selber Schuld der Zigarettenschlaumeier. Volle Solidarität des gesamten Stammtisches.

So war das damals in der Wirtschaft. In der Wirtschaft hing auch ein Spielautomat an der Wand. Auf den hatten es immer wieder Einbrecher abgesehen, das Wechselgeld klauen. Meine Lieblingsbeschäftigung war es, unter die Sitzbänke zu klettern, ob denn vielleicht ein Gast etwas Wechselgeld verloren hatte. Und wie die regelmäßig Münzen verloren hatten! Wer weiß, vielleicht haben die das ja auch absichtlich fallen lassen, ich war ja schließlich ein goldiger Kerle.

Mutter und die Pistole

Mutter. „Mama", „D' Mudder". Jahrgang 1939. Ursula Langenbacher, geborene Lehmann aus der Schloßstraße 6, Tochter von Brunhilde und Otto Lehmann. Ursel, die Wirtin, die Chefin im Bahnhöfle. Ehefrau von Helmut Langenbacher. Meist ein schwarzer, halblanger Feinstrickpullover, darüber der weiße, lange, ärmellose Schaffkittel. Dunkles voluminöses, kräftiges Haar, nach oben präsentiert, Sechzigerjahre Frisur. Perücke. Perücke? Mit Mitte dreißig. War sie krank? Einmal hat der Wind ihr sie vom Kopf geweht, im Biergarten vom Bahnhöfle, dann wusste es (wohl) jeder und jede. Kräftig, aber nicht dick. Die älteste Tochter der Oma, ihre Brüder als Buben den anderen Buben drohend: „Ich hole meine große Schwester!" Mutter von vier Kindern. So stand sie fröhlich hinter der Theke. Die Theke aus Holz, oben mit Edelstahl verkleidet, geriffelt, auf welchem die Zapfsäule mit dem Bier thronte, und einem

Loch, in welches das zu viel gezapfte Bier abfloss. Ich glaube, nur Export, mehr gab's nicht. Bier halt. Kein Luxusproblem beim Aussuchen. Fluchen beim Vater, als der Bierpreis über eine Mark stieg und er den Ärger der Gäste abbekam. Die restlichen Getränke standen in der Theke, im Kühlen, sorgfältig organisiert. Omas Schorle rot süß musste ja schnell zubereitet werden. In der Theke eingebaut, zwei Einlässe zum Gläser spülen, links mit Rundbürste in der Mitte zum Glas drüberstecken, Bürsten am Rand und vor allem Spülmittel. Und wenn man das Glas bis unten drückte und kreisend schrubbte mit Bewässerungsanlage. Im rechten Einlass gab's nur Bewässerung zwecks Schaum abspülen. Alles von Hand versteht sich. Die Gläser auf die Edelstahlablage zum Abtropfen, mit Geschirrtuch abrubbeln, ab in den Schrank. Ein Perpetuum Mobile. Denke ich an Mutter, sehe ich sie beim Gläser spülen im Bahnhöfle.

Das Schönste für uns Kinder, so wie im Oberwirtshäusle, war der Kasten mit Glasfenstern neben der Theke. Der mit Salzstangen und so drin. In der Theke gab es eine Schublade. Da war der große schwarze Geldbeutel mit dem Wechselgeld drin. Und Dinge, um aufdringliche Gäste auf Abstand zu halten. Eine Siebenfünfundsechzig zum Beispiel. Also eine Pistole. Hat Vater von irgendeinem Gast bekommen. Mitsamt Munition. Aber kaputt. Vater war Tüftler – also selbst ist der Mann. Jetzt wird's spannend: Mit Pistole und Sohn ging es in den tiefen Wald, Pistole ausprobieren. Peng. Peng. Der Bubi nimmt sicherheitshalber seine Käpselepistole von Fastnacht mit, falls jemand kommt, kann Papa sagen, der Sohn wars. Aber nix verraten! Logisch. Hinter der Theke hing an der Seitenwand ein Edelstahlkoloss, aus welchem heißes Wasser für den Kaffee kam, sauber präsentiert, der Kaffee, auf einem braunen Holztablett, so oval, mit einem weißen, löchrig ornamental gemustertem Plastikteil, ihr wisst schon. Dazu ein mini Edelstahlkännchen mit der Milch. Die verschüttete Milch dann in den Löchern dieses weißen Plastikteiles klebend. Man sagt, in manchen Gasthäusern ist das heute noch so. Manche Dinge überdauern die Zeit. Hinter der Theke stand auch der große Tisch, an dem wir Kinder saßen und spielten, wenn Mutter uns nicht gerade eine Arbeit aufgetragen hatte: Hausaufgaben, Zwiebeln schneiden, Gläser spülen und abtrocknen, fegen, Schnitzel panieren – Hände waschen, einen Teller mit „verkläppertem" Ei, einer mit Weckmehl, das Schnitzel durchklopfen, dann beidseitig durch beide Teller tunken, sauber ablegen.

Lustig war es, wenn die Bierfahrer mit ihrem langschnautzigen MAN-LKW, dunkelgrün mit Landsknecht auf der Fahrertür, zum Bier bringen kamen. Dann hat Vater oder Mutter ein Kellerfenster geöffnet und eine Rutsche ans Fenster gestellt, unten so einen großen Sandsack hingelegt. So rutschte dann Fass für Fass in den Keller. Das Leergut noch verstauen und ab an die Theke, da gab´s ein Bier für die Fahrer als Belohnung. Oder zwei. Die waren trinkfest, wir waren ja auch nicht die einzige Abladestelle. Noch lustiger konnte es werden, wenn Vater eines dieser Fässer angestochen hat und irgendetwas mit der Kohlensäure oder dem Anstechen an sich nicht in Ordnung war. Dann kam Vater pitschnass, biergetränkt, aus dem Keller. Er hatte da schon Ersatzkleidung im Bahnhöfle. Da war Lachen aber verboten. So gut es eben ging. Die Pistole haben wir später dann aber auf der Polizei abgegeben. Natürlich. Ordnung muss sein.

Von Lokführern und Schienenseppln

Zum Bahnhöfle gehörte eine Gartenwirtschaft. Mit großer Hecke drumherum, so konnte der Vater die Schere vom Minigolf weiterverwenden. Entsprechend hatte Mutter eine Hintertür am Gebäude und vor der Hintertür warteten die Kinder. Zum Bedienen. Wackelig mit so einem großen Tablett, auf dem die vollen Gläser standen. Und, auch klar, draußen gab es den Kaffee nur im Kännle. Außer es war Winter. Dann bauten wir in besagtem Garten einen Schneeberg, hinten mit Treppe und vorne mit Rutsche. Dazu eine Plastiktüte und fertig war unsere Bobbahn.

Der Bahnhofsberg war und ist ja ein künstliches Plateau für die Gleise der Schwarzwaldbahn, also eben. Ideal zum Rollschuhe fahren. Blechsohle, vier Rädchen dran, wie beim Auto, oben zwei Riemenschnallen zum Binden, hinten eine Fersenstütze, fertig. So ging es hin und her. Vom Bahnhöfle zum Bahnübergang und wieder zurück. Kam ja nur ab und zu ein Auto. In meinem Fuhrpark stand zudem noch der Tretroller, orange, hinten mit Fußtrittbremse, der war auf der Ebene ja ziemlich langweilig, also nix wie runter den Berg. Mann-Oh-Mann, das hätte Mutter nicht sehen dürfen – wer bremst verliert! Und Andy schweißt.

Vom Bahnhofsberg hat man einen super Blick auf den Hornberger Schlossberg gegenüber, damals stand da bekanntlich noch das „alte Schloss“, das Barockschloss vor dem Bergfried. Eines Tages hing am alten Barockschloss ein Transparent auf welchem stand: „Rettet unser Schloss". Hat nichts genutzt, kurze Zeit später war das Hornberger Wahrzeichen Geschichte. So wie die alte, gotische, katholische Kirche mit wunderschönem Kirchturm am Stadteingang. Nix Denkmalschutz und so, ihr wisst schon. Dafür hat Hornberg seither eine recht einmalige, imposante Betonarchitektur für die Katholiken. Siebzigermarmor. Ist ja auch Zeitgeschichte. Vermutlich denkmalgeschützt.

Klar, damals wollte ich Lokführer werden, ab und zu durfte ich auch in die Lokomotive klettern, wenn ein Zug länger warten musste, die Lokführer kannten mich schon. Festtag war immer, wenn Oma mit uns den Zug nach Triberg bestieg, in den letzten Wagen. Denn damals hatten die Wagen hinten noch Fenster, so konnten wir auf das Gleis schauen, wie es sich hinter uns her schlängelte. Besonders spannend wurde es in einem der vielen dunklen Tunnels. Hornberg, Triberg, St. Georgen ist ja die berühmte 36 Tunnelstrecke der Schwarzwaldbahn. Auch klar, ob müssen oder nicht, Toilette war Pflichtprogramm. Denn zum Spülen stand man auf einen Schalter, dann sah man durch die Toilette das Gleis unten vorbeihuschen und alles mitnehmen. Klopapier für den Hornberger Bahnübergang zum Beispiel. In

Triberg angekommen, auch klar, spazieren gehen. Und wer Triberg kennt, der weiß, dass das Wort Berg Programm ist. Also, das gesamte Städtle, noch frei von Chinesen, Russen und Amerikanern, hoch bis zum Wasserfall laufen, im Wald Eichhörnchen füttern, Bänkle suchen, am Bergsee Libella trinken. Und Omas Geschichte hören, wie sie einst, mit ihren Kindern an der Hand am Triberger Fahrkartenschalter abgewiesen wurde, weil ein paar Pfennige fehlten und so alle auch wieder nach Hornberg zurücklaufen mussten. Doppelte Wanderstrecke sozusagen. Nicht ganz, das letzte Stück nahm die fünf ein VW Käfer mit, der anhielt, weil Oma mit dem Taschentuch gewunken hatte. Nicht um das Auto anzuhalten, sondern wegen Ausschütteln und so. Das Bachwasser, Oma hatte das Tuch im Bach getränkt, zwecks Klimaanlage für das Genick – ihr wisst schon. Und wenn in einen Opel zwölf passten, passten in einen Käfer auch sechs. Mutter hat den Lokführern und Schaffnern schon ab und an ein frisch gezapftes Bier hingehalten. Ob die das genommen haben, darf ich jetzt nicht verraten.

Unvergesslich auch der „Schienenseppl“, ein dunkelroter Diesel-Triebwagen: abgerundetes Blechgehäuse mit Fenstern, Holzboden mit schlichten ungepolsterten

Holzbänken, ein Gestell für das Gepäck über den Köpfen, links und rechts zwei Räder, so wie bei den Rollschuhen, vorne und hinten noch zwei runde Lampen dran, wie so lustig-listige Augen. Zwischen die Augen das DB-Schild als Nase. Fertig. Zwei oder drei Wagen aneinander waren ein Zug. Nicht schnell, aber wacklig, den Duft des Schmieröls in der Nase. Und eben solch ein Zug schaukelte uns von Hornberg nach Lahr, wo Oma, geborene Brunhilde Anselm, aufgewachsen ist, ihre Schwester besuchen. Nicht die schöne Hanni, die als Sekretärin mit einem Franzosen, dem Claude, zusammen war, der eine von diesen schwarzen Gangster-Oldtimer-Limousinen fuhr, als dunkle Gangster-Limousinen in Lahr noch selten waren. Nein, die andere, die Schwester Gretel. Dort angekommen, schnell an das Dachfenster zum Störche schauen auf dem Storchenturm. Unvergesslich auch der „Onkel Willi Hacker", ein Lahrer Original, das „Brünnele" sein Stammlokal. Immer am Witze machen. Postkarten von ihm waren immer nach „Hornberg an der Schwarzwurstbahn" adressiert. Kamen an. Vor der Schaukelei im Schienenseppl nach Lahr galt es aber am Hornberger Fahrkartenschalter zwei kleine Pappendeckel-Fahrkarten zu kaufen, die man an einem Automaten im Wartesaal stempeln musste, mit Datum und so. Der Automat stand gleich neben einem weiteren Automaten – der mit den Pezzy drin. So eine Stange VIVIL oder so was in der Art mit einem lustigen Kopf oben zum Draufdrücken. Und dann stand da ja auch noch die riesige Standwaage mit großem, runden Kopf, mit Zeigern drin, die, zehn Pfennige eingeworfen, uns zusätzlich zu den Zeigern auf einer ähnlichen, extra bedruckten Karte unser Gewicht verriet. Oder das Gewicht vom Kohlen-Klaus, also Benno, seinem Kohlensack, ob er auch nicht geschummelt hatte bei der Wette. Dieser Pappendeckelduft! Nicht nur der Fahrschein. Nein! Hornberg hatte eine große Pappendeckelfabrik unterhalb des Viaduktes. Welch unvergesslicher Duft diese verströmte.

Apropos Viadukt. Noch heute bekomme ich Herzklopfen, wenn ich an die Pfennige-platt-drücken-Aktionen denke. Da sind Vera und ich nämlich den Bahnsteig neben den Gleisen bis ganz vor zum Viadukt gelaufen, was an sich schon verboten war, sind ins Gleisbett hinuntergeklettert und haben Pfennige auf die Gleise gelegt, wieder hochgekrabbelt, auf den Zug gewartet, bis dieser über die Pfennige gefahren war, und haben anschließend die Münzen, nun ganz platt, wieder vom Gleis geholt. Mann-Oh-Mann! Hätte Vater das gewusst, wären wir aus dem Holzsägekeller nie mehr herausgekommen!

Bei der Bahnhofswirtschaft standen auch „Klepferle-Hecken“. Wie die wirklich heißen, weiß ich bis heute nicht. Oma hat die halt so genannt. Für uns waren das „Klepferle“. So weiße Kügelchen an grünen Hecken hängend. Auf den Boden geworfen und drauf gehopst, „klepften“ diese Kügelchen so schön! Und wir konnten diese so wunderbar aus dem Fenster unserer neuen Wohnung werfen – direkt in die offenen Schiebedächer der Autos. Denn vom Sägegrün ging es mitten hinein ins Zentrum, in die Hauptstraße 70.

Sozialer Aufstieg

Durch den sozialen Aufstieg sind wir nicht nur umgezogen, nein, Vater besaß dann einen Ford Granada, Mediterrangrün mit schwarzem Vinyldach. 2.3 Liter Motor. Eine Rakete. Bar bezahlt. Siebzehntausendundirgendwas D-Mark, stolz der Vater, deswegen kenne ich den Preis auch noch ungefähr. Ein Vermögen. Der parkte zwischen Wirtschaft und Gartenwirtschaft. Was haben wir Kinder um den schönen Opel geweint! Im Granada war dann allerdings noch mehr Platz und die Steigungen kein Problem mehr. War auch nötig, wir Kinder waren ja nun schon etwas größer und schwerer. Servolenkung hatte der Granada bereits, „da kannsch mit dem kleinen Finger lenken“, so des Vaters Lob ob des großen Schlittens. In Hornberg sah den Stolz manch einer anders, wegen der florierenden Bahnhofsgaststätte: „den hänn mir bezahlt.“ Morgens um Sieben pünktlich in der Firma Schiele bis abends um Fünf. Danach Zweitjob als Wirt bis in die Nacht. Auch am Wochenende. Wie schon am Minigolfplatz. Bis der letzte Gast sein Bier gemütlich ausgetrunken hatte. Donnerstag war Ruhetag. Zumindest an der Türe, denn da ging es nachmittags, nach der Schiele, zum RUEF Großmarkt nach Villingen, Mutter hatte ja keinen Führerschein, Lieferservice gänzlich unbekannt. Wie schön das jedoch für uns Kinder war, mit dem großen Einkaufswagen durch dieses riesige Wunderland, die Ablagefläche des Wagens wie eine riesige Wippe, darauf zu sitzen oder diesen selbst chauffieren zu dürfen. Auf dem Rückweg: Wurstsalat-Halt in Langenschiltach. Davor ein Abstecher zum Langenschiltacher Bäcker, der hatte (und hat noch immer) so leckeres dunkles Bauernbrot, geräucherte Bratwürste und Speck. Danach Ware einsortieren, verrichten, verarbeiten, vorbereiten, Vorräte eingefrieren und-so-weiter-

und-so-fort. Bis ihm die Firma Schiele ein Ultimatum stellte: um Elf schließen oder die Papiere im Personalbüro holen. Ein selbstgemaltes Schild in der Eingangstüre verkündigte ab da: „Ab 23.00 Uhr geschlossen“. Nun hatte Vater nur noch einen sechzehn Stunden Tag und die großen Brüder beim Felsen-Karle es noch eiliger.

Von Einbrechern und Hawaii-Toast

Für die Einbrecher gut, jetzt hatten sie mehr Zeit, denn nicht selten wurde in die abgelegene Gaststätte auf dem Bahnhofsberg eingebrochen, die Gleise konnten ja nichts verraten. Die Musikbox aufgebrochen, das Wechselgeld geklaut, den Spielautomaten aufgebrochen, das Wechselgeld geklaut. Und am Schlimmsten: die beiden Spardosen, so wie kleine Bierfässle aus Holz, ich glaub vom Ketterer, mitgenommen. Mitsamt dem Trinkgeld für die Kinder darin, also unseres! Ja, ja, in den Siebzigern war auch nicht alles besser. Trost gab´s von den Gästen, danach brauchte es größere Dosen. Die blechernen, oben abgerundeten und mit Schlitz versehenen, Grün oder Blau, von der Volksbank ihrem Weltspartag zum Beispiel. Solche, wo man mit dem Messer nichts mehr rausfuddeln konnte. Vater ließ sich derweil nicht entmutigen, er baute Alarmanlagen: zuerst eine mit Draht am Fenster, die über ein Zeitrelais (er saß ja an der Quelle in der Firma Schiele) eine große Lampe anschaltete, die das Gebäude bei einem Einbruch taghell machte, in der Hoffnung, dass Bewohner oberhalb des Bahnhofsberges den Einbruch mitbekommen und die Polizei rufen würden. Falls da jemand schon Telefon hatte, so am Rande bemerkt. Blöd nur, dass sich die Diebe nicht beeindrucken ließen und die Lampe kurzerhand in eine leere Chipsschachtel (oh – diese leckeren Chio) stellte, was dazu führte, dass die Schachtel ankohlte und der gesamte Laden beinahe abgebrannt wäre, die Automaten waren trotzdem aufgebrochen. Die Spardosen noch da, wir hatten sie versteckt. Nächste Tüftelei, der Vater mittlerweile ziemlich genervt: Eine spitzzackige Kralle am Handgriff des Fensters, welches die Diebe vom Bahnsteig aus immer benutzten. Der Handgriff mit Direktversorgung durch die Steckdose, nicht mit Impuls wie beim Elektrozaun für die Kühe – nein: Dauerpower. Ja, damals ging so was. Nein, ging eben nicht, denn schon Tage später stand die Polizei, also Wachtmeister Endres mit seinem alten dunkelgrünen VW-Käfer mit riesigem Martinshorn und Blaulicht oben drauf, vor dem Vater und hat gemeint: „Helmut, wenn da einer dranhängt (also am Strom), dann nämme mer DICH mit!“ Also wieder abmontieren, kurz danach wurde wieder eingebrochen. Früher war halt doch nicht alles besser. Einbrecher waren Normalität. Im Minigolf. In der Wirtschaft.

Im ersten Jahr wollte Vater im Bahnhöfle den Hornbergern was Gutes tun, dekorierte die Wirtschaft zu Silvester mit Girlanden, Musik zum Tanz. „Hänn ihr scho Fasnet?“, die spöttischen Bemerkungen, das war Vater zu viel, da war er schnell beleidigt. Die folgenden Silvester war die Wirtschaft geschlossen. Uns Kinder hat´s gefreut. Ab da gab es zum Jahreswechsel zu Hause oder bei der Verwandtschaft kalte Platten mit Pumpernickel, Hawaii Toast, Ei mit Mayonnaise, Spargel in Schinken gerollt und so. Lecker. Kalte Platten – ein Genussbegriff der Kindheit.

Mit dem sozialen Aufstieg kam wie gesagt auch die Wohnung in der Hauptstraße, oberhalb vom SPAR, zuvor A&O, also so was wie EDEKA. In der Wohnung musste man einfach nur am Heizungsrädchen oder am Warmwasserhahn drehen. So wie heute. In der Hauptstraße hatten wir dann nicht nur Farbfernsehen, sondern auch Familienzuwachs: einen Goldhamster, den „Goldi“. Mit Goldi im Korb ist Mutter über die

Hauptstraße, also Bundesstraße 33, spaziert, hinüber zum „Edeka Grieß", einkaufen. Im SPAR vom Herrn Schreiner waren wir nie, den mochte Vater nicht. Und umgekehrt. Kein Hintenrum. Direkt ins Gesicht. An der Gemüsetheke beim Grieß gab es ein frisches Salatblatt für Goldi und alle waren glücklich. Mach das heute mal im Supermarkt! Der Grieß hatte neben seinen Naschereien auf VW-Bus-Rädern noch etwas besonders: eine Milchbar im Obergeschoss des kleinen Edeka-Geschäftes. Beliebter Treffpunkt. Für Mutter gab es überbackenen Toast und für uns die Erdbeermilch. Mit Sahne. Praktisch auch, dass der Wöhrlemetzger nun ebenso gegenüber war, Haus an Haus mit dem Grieß. Wenn der Wöhrlemetzger das „Heute frische Knöchle"-Schild ins Schaufenster gemacht hat, hieß das für uns Kinder: schnell rüber laufen (über die Bundesstraße 33) und ein noch warmes holen. Vorbei damit aber auch die Zeit am rauschenden Bach, ab nun bestimmte der Lärm der Bundesstraße unser Leben: „Muesch halt uffbasse!" Einmal, ich habs Rumsen hören, haben sich zwei LKWs in der Fanti-Kurve getroffen, der große, der Sattelzug, ist dann bremsenlos das Städtchen vorgerollt, der Fahrer Hilfe schreiend im Führerhaus. Erst hat er den großen Weihnachtsbaum vor der Volksbank rasiert, um dann in das Schaufenster vom Schondelmaier seiner Metzgerei zu rauschen und dort zu parken. Mann-Oh-Mann!

Dafür konnten wir nun vom Fenster aus den Fasnetumzug besser anschauen! Dazu später mehr, jetzt geht's erst zu den Hopps, denn die haben neben uns gewohnt – oder besser gesagt wir neben denen. Den Hopps vom Blumengeschäft und der Gärtnerei.

Lausbuben

Der jüngste der Söhne, der Bernd, war (und ist und wird es immer bleiben) ein Spezi von mir. Zwei Lausbuben, die sich gefunden haben. Was viele Hornberger nicht wissen, hinter dem Haus in der Hauptstraße, in dem das Blumengeschäft war (heute würde sich das Floristik Manufaktur nennen), stand ein Anbau, ein besserer Schuppen. Da hat Papa Hans Hopp an einem großen Tisch Adventskränze und die Kränze für die Gräber gebunden (das wurde ihm später mal zum Verhängnis, aber dazu später, wenn ich es nicht vergesse). Zwischen Haus und Schuppen, da war als Verbindungsanbau die Küche von den Hopps, meines großen Bruders Lieblingsplatz, am großen Hopp Familientisch, ganz nah am

Kühlschrank, der Bernd hat auch zwei große Brüder. Wie dem auch sei, neben diesem Schuppen waren sozusagen die Hinterhöfe von Hopps und von uns. Und wieder daneben stand noch ein kleines Haus, welches nur durch den Zugang durch unser Haus, also dem Haus von der A&O und später SPAR, zu erreichen war. Also: keine Fluchtmöglichkeit. In diesem kleinen Haus wohnte eine ältere Dame, die Frau Heller. Gefundenes Fressen für die Lausbuben. Ihr Hof und unsere Hinterhöfe waren durch eine Mauer getrennt – gerade so hoch, dass man sich dahinter verstecken konnte. Zum Beispiel, wenn man einen Tennisball in ihren Garten geworfen hat, und zwar absichtlich, weil sie das komischerweise nicht mochte. Vorsorglich hatten wir den Ball an einer Nylonschnur festgebunden. Zum einen, weil sie ihn sonst konfisziert hätte, und zum anderen, weil das ja gerade der eigentliche Spaß an der Sache war, an der Schnur zu ziehen, just als die arme Frau Heller sich in ihrem fortgeschrittenen Alter danach bücken wollte. Obendrauf gabs einen Chor mit Blick zum Himmel: „Es wird Heller!" Dazu Gelächter. Arme Frau Heller. Die Mauer war auch deshalb praktisch, weil der Hoppsing, also Bernd, eine Tanzmaus hatte. Ja, in den Siebzigern gab es noch keinen Tierschutz oder so – Mama ist ja auch mit Hamster zum Einkaufen gegangen. Freigang aus dem Hamsterrad sozusagen. Und weil das Luftgewehr den Umzug vom Sägegrün in die Hauptstraße mitgemacht hat, saßen wir hinterm Schuppen, sichtgeschützt am Fuße des Schlossbergs, der wie bei der Oma zum Schloss hochführte, und haben auf Spatzen geschossen. Zur Verteidigung von uns beiden Lausbuben muss ich sagen: getroffen haben wir nicht – die sind ja auch flinker als Plastikblumen am Jahrmarktschießstand. Papa Hopp hat das Gewehr dann konfisziert. Noch praktischer war die Mauer, um uns zu verstecken. Zusammen mit einem großen Bruder, ich sag nicht welcher – oder waren es beide? Zigarre rauchen stand auf dem Programm. Der Versuch war's Wert. Den Goldi haben wir dann auch in dem Garten im Hinterhof begraben. Nicht wegen dem Salatblatt oder dem Luftgewehr. Nein, wegen Altersschwäche. Vielleicht auch wegen Übergewicht, weiß nicht mehr. Kann aber eigentlich nicht sein, denn er flitzte durch die ganze Wohnung, immer dann, wenn er das Gitter mal wieder durchgeknabbert hatte, was nächtliche Verfolgungsaktionen mit sich zog.

Papa Hans Hopp hatte einen alten, also damals neuen, großen weißen Ford Transit Bus der ersten Generation, später allgemein „Türkenbus" genannt, als unsere türkischen Mitbürger ihren sozialen Aufstieg noch nicht durch Oberklasselimousinen mit Doppelauspuff gezeigt haben (Doppelauspuff gabs für den Ford Granada noch nicht). Damit sind Papa Hopp, Bernd und ich zusammen in den Wald gefahren. Nicht zum Campen, Grillen, Chillen oder Sundownern, nein, zum Tannenzapfen, Wurzeln, Äste und-so-weiter-und-so-fort zu suchen und zu finden. Deko für seine Floristikgestecke und dergleichen mehr. Zur Belohnung durfte mein großer Bruder den Kühlschrank in Hopps Küche leerfressen. Als ich endlich meinen heißgeliebten Tretroller in ein schickes blaues Rennrad mit Chromgabel eingetauscht hatte, wollte der Bernd natürlich auch gleich mal damit fahren. Am gleichen Tag, an dem ich es bekommen hatte. Stolz war ich damit zu Hopps in die Gärtnerei gefahren, dahinten bei der ehemaligen Jugendherberge, mein Gott, wie heißt die Straße bloß, da am Ende des Rebbergs. Na, auf jeden Fall, ich mach`s kurz: der Bernd hat daraus einen Totalschaden gemacht. Und aus seinem Kopf fast. Und damit es in der Familie bleibt, hat er in der Kurve, die zum Rebberg führt, seinen Bruder Roland getroffen. Auch auf dem Rennrad. Also zwei Totalschäden. Deswegen haben sich die Väter dann nicht mit Anwälten bekriegt, sondern zusammen totgelacht und ein neues Fahrrad gekauft. Ganz oben im Haus in der Hauptstraße 70 wohnten die, ich glaube Launs. Die hatten sogar Telefon. Das hatten wir nicht einmal in der Wirtschaft! Nur, gerade an dem Tag, als wir es so dringend gebraucht hätten, war niemand da. Ein langer Fußweg zum Doktor Beck für meine Schwester und mich war die Konsequenz – und dann ein noch längerer zum Doktor Molls, denn der Beck war auch nicht da. Es war ein Feiertag, Karfreitag, um genau zu sein. Was, wenn wir schon Telefon gehabt hätten?

Jetzt hätte ich es beinahe vergessen. Ist zwar ein großer Zeitsprung – später, schon in der großen Stadt, habe ich mich an die Kranzbindekünste von Papa Hopp erinnert und er durfte für mich als „Werbefuzzi", oder besser gesagt für das Stadtmarketing Offenburg, einen Adventskranz binden. Ehrenamtlich, der war ja auch bloß acht Meter im Durchmesser – „Badens größter Adventskranz", der dann in Offenburg hing. Was hat Papa Hopp da geflucht, aber das nennt man wohl heimatliche Verbundenheit. Nicht das Fluchen. Den Freundschaftsdienst. Aber ich schweife ab.

Offeburger Herbschdmess´

Apropos große Stadt. Gleiche große Stadt, aber wieder zurück zum Bubi. Im Herbst gab es immer einen Festtag. Dann, wenn wir mit unserem guten Opel, später Granada, und der „ganze Bagage“, also Familie, „nach Offeburg uff d´ Herbschdmess´sin“, also Herbstmesse, oder genauer gesagt Oberrheinmesse, gefahren sind. Papa wurde mit jedem Meter, wo wir näherkamen, sichtbar nervöser, denn in der großen Stadt hat er sich immer verfahren. Immer. Von weitem war das Riesenrad zu sehen, nur gefunden haben wir es immer nur mit Umweg. War halt so in der großen Stadt. Auf dem Parkplatz angekommen, erstmal die Belehrung, bei den Eltern zu bleiben und-so-weiter-und-so-fort. Bla bla bla. Zur Belohnung stand die Fahrt im Boxauto und Riesenrad im Raum. Ein riesiger Rummel gehörte einst zur Herbstmesse. Aber wir sind nicht wegen dem Rummel hin, sondern zum Einkaufen, war ja schließlich eine große Verbrauchermesse. Da gab es allerhand. Also alles. Was wir da alles eingekauft haben! Wir mussten ja die neue Wohnung einrichten. Das war Amazon der Vorzeit, da gab es alles, was es im überschaubaren Hornberger Städtle nicht gab. Und Vater wusste, es gibt Messerabatte. Also: komplette Couchgarnitur in einem so hässlichen Grün gekauft, so eine mit um die Ecke rum, ihr wisst schon. Mit extra Sessel für den Vater. Tapeten mit den Mustern und Farben der Siebziger (was hat Vater beim Tapezieren geflucht, dummer Rapport der Muster, aber selbst ist der Mann). Eine Wohnwand, Nussbaum. Mit Ablage auf halber Höhe. Für die Porzellandeko. Siebzigerkitsch. Muss ich erzählen, weil lustig: einmal haben die großen Brüder im Wohnzimmer Karten gespielt, Vera und ich jeweils als Beisitzer. Man muss auch verlieren können. Oder auch nicht, denn es kam, wie es kommen musste: der Helmut legt eine Karte und wird vom Bubi darauf hingewiesen, dass er doch noch eine bessere hätte. Also Karte zurückziehen und Karte tauschen, was der Jörg nicht so toll fand. Eskalation. Jagd durchs Wohnzimmer. Um die neue schöne Couchgarnitur und den Sessel – auf dem neuen Teppich, den wir auch auf der Herbstmesse gekauft hatten, vorbei an dieser Wohnwand, auch Buffet genannt. Und da standen Mutters Porzellanrehe auf der Ablage auf halber Höhe. Also standen. Bevor die Brüder da vorbeikamen. Und während der Helmut sich im Klo eingeschlossen hatte, bis der Jörg sich wieder beruhigt hatte, haben Vera und ich die Beine des armen Rehs wieder angeklebt. Aber zurück zur Herbstmesse. Hmmm, jetzt hab ich vergessen, was ich noch erzählen wollte. Auf jeden Fall war es für uns Dorfkinder der Wahnsinn, dass da Flugzeuge über unsere Köpfe geflogen sind, um in nächster Nähe zu landen. Auch dem Burda seine Fliegerstaffel mit den Werbetransparenten hintendran. Überhaupt: dieses riesige Burda-Hochhaus. B U R D A in großen Buchstaben obendrauf. Das war ja höher als der Hornberger Schlossberg! Und hinten, an der Kinzig, das Opelhaus. Das vom Opel Linck. Ein gläsernes Hochhaus, wo auf allen Stockwerken Autos standen, so schöne, wie unser Opel Rekord. Da sind wir auch noch schauen gegangen, nur wegen des Hauses. Ob Papa unseren Opel auch da gekauft hat, weiß ich nicht, vermutlich schon. Bar bezahlt aber auf jeden Fall. Wäre anders ja auch gar nicht gegangen. Ach, was haben wir Kinder geweint, als der gute alte Opel zum Ford Zipperer nach Wolfach gebracht wurde, um den Granada dafür mitzunehmen. Aber das habe ich bereits erwähnt. Hab mir vor kurzem ja auch extra wieder einen Opel Rekord C gekauft, aber das wäre eine andere Geschichte.

Nein, genau das ist die Geschichte.

Muffdi

Achtung, jetzt kommen Gedankensprünge! Kennt ihr noch Muffdi? Das war dem Offenburger Heftlemacher Franz Burda sein Esel-Maskottchen in einer Zeitschrift. Da gab es einen Kinderclub. Mit Preisrätsel. Und wer da gewonnen hatte, durfte in der Burda Fliegerstaffel, das waren drei blaue Propellerflugzeuge, mitfliegen. Es gab sogar einen echten Esel Muffdi. Wir durften natürlich nicht, denn wir haben nicht gewonnen und außerdem hätten wir bestimmt zu viel Schiss gehabt. Ich musste mich mit Modellfliegern begnügen, deswegen erzähle ich das auch. Neben dem Blumengeschäft Hopp war dann irgendwann nämlich noch ein Bastelgeschäft, Konkurrenz zum Schröder. Den Namen habe ich vergessen, oh Schande, denn der Besitzer war wirklich nett zu mir. Er hat gesehen, dass ich gerne Bausätze mache, also hat er mir immer neue gegeben, auf dass ich sie zusammenbastle und er sie ins Schaufenster stellen konnte. Win-Win-Situation. Zur Auswahl standen Panzer, Kampfflieger, Kampfschiffe. Ach ja, und ein Porsche. Revell. Ach. Irgendwie war damals in Hornberg in jedem Geschäft noch ein Geschäft. Den mittleren Bruder, den Helmut, haben übrigens alle Muffdi genannt. Schon allein aus dem Grund, weil er das nicht mochte. Ob wegen des Esels oder einem Westernhelden, lässt sich nicht mehr abschließend sagen. Und weil die Welt klein ist, noch eine Geschichte, die Christel, die Mutter Hopp, hat als Mädchen auf des Burdas Esel aufpassen dürfen, denn ihr Vater war der Oberjäger vom alten Burda, damals im Jagdhaus in Offenburg-Weier. Aber ich schweife ab. Wo war ich? Ach ja, Modellflieger. Der Herr Dingens aus dem neuen Spielzeuggeschäft hatte außerdem so einfache, bunt bedruckte Styroporflieger für eine Mark in einer Tüte, auf der Tüte war das Bild des Fliegers. Des Kriegsfliegers. Drinnen fünf Teile: der Rumpf, die Tragflächen und die verstellbaren Ruder hinten zum Loopings drehen. Fingerspitzengefühl. Außerdem einen Propeller und einen Gummi. Schnell zusammengesteckt und aufgezogen. Im Hinterhof vom Hopp zusammen mit dem Bernd fliegen lassen. Einmal, zweimal, dreimal. Kaputt. Bis nach dem Abitur hat es gedauert, bis ich zum ersten Mal in einem echten Flieger saß, um in Urlaub zu fliegen. Und gleich den Rückflug verpasst. In Urlaub fliegen war in den Siebzigern nicht drin. Österreich oder Südtirol mussten reichen. Zumindest solange wir keinen Minigolfplatz oder das Bahnhöfle hatten, denn dann war Arbeiten statt Urlaub angesagt. Mutter ist ihr Leben lang nicht geflogen. Und Oma sowieso nicht. Die größten Städte, die ich gesehen hatte, waren Offenburg, Freiburg und im Urlaub Bozen. Mir hat aber nix gefehlt. Dafür hat uns Vater in den Dolomiten erste Kletterschritte an der nackten Wand beigebracht und den Respekt vor den Naturgewalten gelehrt. Nix Helikoptervater oder so. Im Winter hat er uns Ski gekauft, da war der Minigolf ja geschlossen. Dann ging es an den Kesselberg bei St. Georgen, die Instruktion ganz einfach: Oben Skischuhe anziehen und Ski anschnallen sowie die Anweisung: „Da isch der Berg, da fahrt ihr nabb", also runter. Ging irgendwie auch einigermaßen, ist ja fast eben. Hochfahren war für Vater schon schmerzhafter. Der Bubi zu dabbig, also ungeschickt im Schlepplift, so ward der Oberschenkel des Vaters mit einem wirklich dicken blauen Fleck geziert. Damit nicht genug. Er hat uns auch Glühwein probieren lassen. Hätte er nicht tun sollen.

Der Muffdi ist dann nach Berlin gezogen, denn als Berliner musste er nicht zur Bundeswehr. Jetzt muss man wissen, bei drei Söhnen mussten nur zwei gehen. Was das für mich später bedeutete, könnt ihr euch denken. War aber Kinderfasching gegen das, was der große Bruder Jörg Ende der Siebziger noch als Bundeswehr erlebt hat. Zuvor war der Muffdi, also der Bruder, nicht der Esel, aber am Titisee, seine Kochlehre machen. Nicht irgendwo, sondern am Brugger, Nobelhotel. Ehrensache, ihm einen Familienbesuch abzustatten, wenngleich die Tortenstücke für Hornberger Verhältnisse winzig waren (man sagt, heute ist das anders, heute sind sie auch in Hornberg kleiner). Bubi hat Sonntagsausflüge geliebt. Noch wichtiger war es aber, Elektro-Boot auf dem Titisee zu fahren. Wenn es sein muss auch auf eine Sandbank. Kein Problem für Mutter. Handeln statt Palavern war immer ihre Devise gewesen. Musste sie ja als Kind schon, wenn die kleinen Brüder Ärger hatten. Aus dem Boot gesprungen und rausgeschoben.

Omas Nähmaschine und Lumps Brezeln

Für die Fasnet hatten wir nun einen Logenplatz am vermeintlich sicheren Fenster im ersten Stock, also Obergeschoss, in der Hauptstraße. Wenn die „Stadtbibbl" – so hat Oma die Mitarbeiter des städtischen Bauhofes genannt – oder die Mitglieder der Narrenzunft auf ihren hohen, an die Hauswände gelehnten, Holzleitern die bunten Bändele aus Stoffresten im Zick-Zack über die Straße hängten, von oben beim „Krokodil" am Ende der Werderstraße, bis hinunter zum Schulhaus, dann wussten wir: bald isch Fasnet, also Fastnacht! Schon bald zogen die gruseligen schwarzen Hornberger Teufel mit ihrem schwarzen Häs, zwei nach unten gebogenen Hörnern an der dunklen, furchteinflößenden Maske, den roten Dreieckbändern um die Arme, um die Beine und um den Bauch, sowie dem Schellenband mit den riesigen Schellen dran um die Schulter, durch die Straßen und Gassen. Hörnerteufel eben. In einer Hand hielten sie eine lange, große, rote Gabel. Damit piksten sie auch schon mal die Leute. Also auch uns. An ihrer Seite die „Brunnenhansele". Lustige bunte Gestalten, die uns die Zunge rausstreckten und Glöckchen am Körper hatten. Beim Umzug am Fasnetsonntag hüpften Teufel und Hansele durch die Straße zur Musik: „Hans blieb do, du weisch jo net wie `s Wetter wird… ob es regnet oder schneit, lalalalala, lalalalala, ob der Hans im Dreck rum keit, lalalalala la la." Die Schellen und Glöckchen klagen im gehüpften Takt mit. Kindheitsmusik. Bunte Umzugswagen mit lustigen Motiven waren da zu sehen. Am Schluss war der Wagen mit dem Schlossbergnachbau drauf – und den „Großkopferten", wie Oma zu sagen pflegte. Das Schönste für uns Kinder aber waren die Guzzele, sprich die Bonbons, die von den Wagen geworfen wurden. Das waren so viele, da haben auch wir Kleinen was abbekommen. Blöd an der Wohnung in der Hauptstraße war nur, dass da ein Vordach war und eine Regenrinne. Da sind dann Hexen hochgeklettert und zu uns ins Wohnzimmerfenster gestiegen.

Los ging es aber bereits am Schmutzigen Donnerstag. Irgendwo im Städtle wurde der „Hansele“ versteckt und die Kinder durften ihn nachmittags suchen. War er gefunden, so gab es zur Belohnung Brezeln, die wurden in die Kindermenge geworfen. Klar, die Großen fingen mehr, die Kleinen weniger. Oder gar keine. Vorbereitung auf das Leben. Oma hat mir mit ihrer alten Nähmaschine ein Hexenkostüm genäht, mit einem großen Beutel dran, dazu gab es eine Plastikmaske vom Spielwaren Schröder. Irgendwie, nur der liebe Gott weiß warum, hatte der Beutel ein Loch. Und so ward die hart erkämpfte Brezel verloren. Trost gab es von der Oma.

Ach – diese Nähmaschine! So eine alte Junker und Ruh, auf einem Holztisch, mit Deckel drauf, an den Seiten kunstvoll verziertes Schmiedeeisen. Unten war ein Fußgestell, so eine gusseiserne Wippe, da hat Oma mit den Füßen hin und her gewippt, das setzte die Nadel in der massiven, schwarzen – und doch weiblich geschwungenen – Nähmaschine oben auf dem Nähtisch in Bewegung. Auf der Nähmaschine war oben ein Stift, da steckte sie die Garnrolle mit dem Faden drüber. Zum Einfädeln hat Oma den Faden kurz zwecks Spucke durch den Mund gezogen, das ergab eine perfekte Fadenspitze. Und dann ging es los. So ganz ohne Computer-Stickprogramm und Strom. Da hat sie einen perfekten Rhythmus gehabt, damit die Naht gerade wurde. Mit zunehmendem Alter wurde Omas Rücken gebückter und das Einfädeln fiel ihr schwerer. Die Oma an der Nähmaschine – ein unvergessliches Kindheitsbild, dazu das Klappern der Füße. Mit dieser Nähmaschine hat sie mir auch Bändele an die Hose genäht – ein richtiger Cowboy brauchte das – dazu ein Hut und ein Revolver mit „Käppsele" vom Schröder. Fertig! Die Nähmaschine war auch so ziemlich das Einzige, wo wir Kinder die Finger davonlassen mussten.

Ach – diese Brezeln! Kurz vor der Engstelle beim „Kaufhaus Friedrich Schmid Spielwaren und Scherzartikel jeder Art", vis à vis des Rathauses, da gab es eine kleine Bäckerei, die vom „Lumpebeck". Schwarze Kacheln an der Hausfassade, ein kleines Schaufenster, eine Türe, die beim Öffnen in der Backstube klingelte, und: dieser Duft im Geschäft. Dieser unglaubliche Duft!

Die Backstube gleich dahinter. Da knetete der Bäcker Lump die Brezeln. Eine weiße Schürze hatte er um den Bauch, überall an ihm war Mehl, liebevoll war er. In der kleinen Theke so unglaublich viele leckere Sachen, die liebsten waren uns – neben den Schneckennudeln mit dem Zuckerguss und den Rosinen – die dunklen knusprigen Brezeln mit den dicken Salzkörnern oben drauf und diese Taschen, die mit Marmelade gefüllt waren. Oder die Doppelwecken, die Bäcker Lump „Doppeldecker" genannt hat. Ach, wenn uns Oma Butter auf die noch warmen Brezeln schmierte in ihrer guten Küche mit ihren gütigen Händen. Dann war Samstag. Meinen großen Brüdern war der Bäcker Lump auch besonders lieb. Lag er doch auf dem Nachhauseweg, gleich neben der Wirtschaft vom „Felsenkarle". Auf dem Heimweg, kurz bevor der Vater in die andere Richtung unterwegs war, pünktlich auf dem Hinweg zur Arbeit in der Firma Schiele. Denn dann gingen die beiden in die Backstube und ergatterten sich die allerersten, noch warmen Brezeln frisch aus dem Ofen. Dazu ein Bier. Damals, ja damals.

Ja, und nach der Fasneteröffnung am Schmutzigen standen wir die folgenden Tage bei der Brücke vor der evangelischen Kirche Richtung „Schützen", spannten eine Schnur über die Straße und verlangten von den dadurch angehaltenen Autos Wegezoll. Die einen schimpften, die anderen gaben. Nicht viel, aber immerhin. An einem Mittag war Kinderball in der großen hölzernen Stadthalle. Da war es das Gleiche wie beim Brezelergattern beim Hansele suchen. Die Großen vorne, die Kleinen hinten. Denn beim Kinderball war Wurstschnappen angesagt. Klar, und schauen, ob die heimliche Kindergartenliebe auch da ist. Oma saß am Tisch, nippte an ihrem Rotweinschorle süß. Am Fasnetdienstag begann ein weiterer Umzug im Städtle zur Stadthalle, abends, wenn es schon dunkel war. Mit Fackeln und Fanfarenzug. War das unheimlich! Aber die Oma beschützte uns. Die Musik mit dem „Hans blieb do" voraus, die Teufel und Hansele hinterher. Und dann all die anderen. Noch unheimlicher wurde es, wenn die Teufel auf dem Platz vor der Stadthalle ein riesiges Feuer entzündeten, das arme Hansele verbrannten wie einst die Vorfahren angebliche Hexen, und um die Flammen sprangen. Zum Abschluss gab es gar Raketen, wie an Silvester.

Einmal, da hat mir Oma ein ganz besonderes Hexenkostüm genäht, im Vorfeld hatten wir sogar Mistelzweige im Wald gesucht und am guten Küchentisch Sträußchen gebunden. Mit der Paketschnur aus der Allzweckkommode zusammengeknüpft. So lief ich als Kräuterweible beim Sonntagsumzug mit. Ganz alleine – die Vera hatte keine Lust – mittendrin, und habe Mistelzweige mit kleinen weißen Bobbeln, also Kugeln, dran verteilt. Hat aber keinen am Wegrand interessiert, die lauerten auf die Guzzele, die von den Umzugswagen in die Menge geworfen wurden und die Schnäpse, die verteilt wurden. Nur der Polizist, dieser liebe Schutzpolizist an der Ecke, bei der Schützenbrücke, der hat sich gefreut über mein Sträußchen.

Ravioli

Oma hatte meistens an Fastnacht Geburtstag, denn sie war am 27. Februar geboren. 1909. Das war wie ein Ritual: da ging es dann ins Wirtshaus „Rose" oder „Tannhäuser" – und da gab es Hirschgulasch mit Spätzle und Preiselbeeren. Und, auch klar: Rotweinschorle süß für die Oma. Da hat sich Oma das ganze Jahr schon drauf gefreut. Auch die Hamburger Tante, das „Dandele", der Onkel sowie die beiden Cousinen sind extra den weiten Weg nach Hornberg gekommen. Fiel der Geburtstag auf Fastnacht, so erschienen Onkel und Tante stilecht in Hamburger Seemannshemden. Zu spät erschienen dann regelmäßig auch die großen Brüder. Sie hatten es sich zum Spaß gemacht, den Hanselewagen vorab zu suchen und woanders im Städtle zu verstecken. Oder diesen mitzubringen und gleich vor der Wirtschaft zu parken. Je nach Level. Statt schickem Hirschgulasch bestellten sie Reschele mit Brägele, also saure Leber mit Bratkartoffeln. Reschele gab es zu Hause noch nicht oft. Das lag zum einen am Sparstrumpf, der noch herrschen musste, und zum anderen war es die Zeit der ersten italienischen Gastarbeiter in Hornberg. Und so kam es, dass auch Ravioli aus der Dose bei den Langenbachers Einzug hielten – und vermutlich nicht nur bei denen. Ravioli montags, Ravioli dienstags, Ravioli mittwochs. Sonntags gab es dann Braten, dann saß auch Oma mit am Tisch. Einmal, muss ich erzählen, ist lustig, da hat der kleine Elmar in der Vorratskammer den vorbereiteten Braten, schon fein säuberlich in Scheiben geschnitten und abgezählt, in der guten Porzellanschüssel gefunden. Und hat´s gut gemeint, hat das Fleisch aufgegessen und stolz der Mutter erzählt (bloß nichts wegwerfen). Mutter fand das gar nicht lustig. Und Vater auch nicht. Und Jörg und Helmut und Vera und Oma auch nicht. Gab es diesen Sonntag eben auch Ravioli.

Den Osterhasen gab es wirklich

An Ostern gab es für uns Kinder gleich mehrere Rituale. Zuerst zur Tante Lina Weis, also eigentlich Mutters Patentante, die wohnte als Witwe neben dem Schoffer-Park, wo ureinst Stoffe gewoben und zu unserer Kindheitszeit die DUAL-Plattenspieler zusammenmontiert wurden. Von Tante Lina bekamen wir immer einen riiiiiiesigen Osterhasen in verführerisch glänzendem Papier und so einen großen, roten Abschleckhasen, in der durchsichtigen Tüte, ich glaube, der bestand nur aus Zucker und Farbstoff. War uns aber egal. Dann ging es zur Oma, da war Suchen angesagt. Und da sich Omas Wohnung bekanntlich auch über den Flur erstreckte, waren die Möglichkeiten unendlich. Mehr noch: da gestellte sich auch noch der Kellerverschlag dazu, und, den Schlüssel mussten wir vorher auch noch suchen. Oma versteckte immer in einem dieser grünen Papiergrasnester. Immerhin, das Grün leuchtete aus den Verstecken. Und immer war viel Leckeres drin. Sogar ein Hanuta. Wir freuten uns auch stets auf die Fahrt über den Fohrenbühl nach Schramberg, auf den Sulgerberg, um genau zu sein, Steigungsbewährungsprobe für den Opel, zu Vaters Elternhaus, da wohnten Tante Cilly, Onkel

Oskar sowie Cousin Joachim und Cousine Inge. Denn „auf dem Sulgen" da gab es diese sensationellen Puffreisostereier in rosa oder hellblau Silberpapier, meistens versteckt in den großen Johannisbeerhecken im Garten. Über die Treppe im kleinen Dreißigerjahrehäuschen lief ein kratziger Teppich, mit so silbernen Querstangen fixiert, typisch schwäbisch eben, Schramberg ist ja württembergisch. An den Wänden hingen Junghans-Uhren, Onkel Oskar war Uhrmacher bei Junghans, so wie es schon mein Opa väterlicherseits war. Glaub ich. Auf jeden Fall arbeitete er auch schon bei Junghans. Ich habe ihn bekanntlich aber auch nie kennengelernt. Und Oma-Sulgen auch nicht. Auf dem Sulgen machten wir einen Osterspaziergang. Nicht wie Goethe, sondern wie Langenbachers. Vorbei an der Kapelle, welche Godde Ida, also Vaters Patentante, bis ins höchste Alter täglich sorgsam pflegte. Vater ging voraus und versteckte die Hasen. Und wir Kinder glaubten tatsächlich, dass der Osterhase diese versteckt hatte! Gleiches Spiel bei Onkel Siegfried und Tante Gerda in Haslach, da wohnten sie nämlich, bevor sie heimlich in Unterentersbach ihr Häusle bauten. Schaffe, schaffe, Häusle bauen. Da waren dann auch Onkel Bruno und Tante Renate aus dem Prechttal mit dabei. In die Kirche gingen wir nicht.

Boxauto und Bärendreck

Ein weiterer Feiertag im Jahr war der Schellenmarkt an Pfingsten, hoch oben auf dem Fohrenbühl, halb auf der badischen, halb auf der schwäbischen Seite – aber das muss nix heißen. Was als Tauschbörse der Hirtenbuben für Kuhschellen begann, hatte sich zu einem großen Volksfest entwickelt. Da gab es sogar Boxautos und Wippschaukeln und Schießstände (wo Vater uns ein Plüschtier schoss) und Kramerläden und ein großes Festzelt mit Musik und Tanzvorführungen der Bollenhuttrachten und sogar noch Stände mit Kuhschellen. Wie göttlich lecker war die Bratwurst mit Senf. Und klar: an Festtagen gab es auch eine Libella. Außerdem erbettelten wir die Armbändchen mit den hellgelben, hellblauen und hellrosanen Zuckerstückchen, welche mittels Loch in der Mitte auf die Perlenschnur eingefädelt waren und die wir Kinder genüsslich abknabberten. Oder die Lutschmuscheln, der Bärendreck, die Zuckerwatte. Die Ahoi-Brause, in die flache Hand gefüllt, mit Spucke zum Schäumen gebracht. Waldmeister. Ganz aufregend wurde es, wenn wir abends, wenn es schon dunkel war, den Opel bestiegen und auf den Berg fuhren, hinauf zum Schellenmarkt. All die bunt leuchtenden und zuckenden Lichter, die Hupen und die Durchsagen bei den Boxautos (jetz jetz jetz noch noch noch schnell nell nell ein ein einsteigen.... tröööööööttt), diese unheimlich spannende Atmosphäre. Und wir Kinder mittendrin. Wie unendlich groß und erwachsen fühlten wir uns da! Besonders wenn die großen Brüder uns mit ins Boxauto nahmen. Da gab es ein Lenkrad, eine Schlaufe zum irgendwie festhalten und ein Gaspedal, an welches meine kurzen Beine nicht reichten. Aus dem Zelt klang derweil Blasmusik.

Dem Schellenmarkt folgten die Waldfeste. Viele Waldfeste. Fast jeder Hornberger Verein veranstaltete ein Waldfest. Und nicht nur die Hornberger. Und wie auch hier der Name schon sagt, waren das Feste im Wald. Da musste man hinlaufen. Also spazieren oder sogar wandern. Ein Bierstand für Vater, ein Wurststand für uns alle, Blasmusik, Bierbankgarnituren und viel Platz zum Tanzen, Toben und Rennen mit den anderen Kindern. Barfuß im Gras. Abends nach Zecken absuchen. Bei manchen Festen gab es sogar Schießstände, so wie beim Schützenverein. Oder eine Kegelbahn. Zusammengezimmert aus Brettern. Wacklig, aber das war egal, die Kugeln waren uns Kindern sowieso zu schwer. Für die großen Brüder bedeutete das, dass sie sich mit Kegel aufstellen ein Taschengeld verdienen konnten. Hähnchen vom Grill gab es, am Sandbühl in Niederwasser, und was weiß ich nicht alles, was es Zuhause nicht gab.

Kinderwunderland

Ein weiterer Termin im Festkalender war für uns St. Martin. Lange davor begannen wir Laternen zu basteln mit Werkzeug aus Omas Allzweckkommode oder wir kauften diese Ziehharmonikalaternen beim Spielwaren Schröder oder im Kaufhaus Friedrich Schmidt, Spielwaren und Scherzartikel jeder Art. Das uralte Kaufhaus in der Engstelle beim Rathaus. Staub rieselte, wenn wir die Treppe ins Obergeschoss betraten, das Reich der Fantasie. Ein Holzstab mit Haken, vorsichtig die Laterne zusammenfalten und die Kerze am Boden anzünden. Dann die Laterne wieder vorsichtig auseinanderfalten. Brannte die ganze Laterne zwecks dabbig, also ungeschickt, ab, gab es Trost von der Oma. So zogen wir von Haus zu Haus, sangen unser Laterne-Lied, dass ich mit meiner Laterne gehe und die Laterne mit mir und dass über uns die Sterne leuchten, egal wie das Wetter war und freuten uns über die Süßigkeiten. Von wegen nach Geld betteln!

Zudem durchzog am Freitag ein großer Martinimarkt das Hornberger Städtle. Von der Schützenbrücke bis zum Viadukt, über den gesamten Kirchplatz bis vor zum Rathaus und hoch zum Gasthaus Mohren, Stand an Stand. Zum einen war dann Weihnachten nicht mehr weit und zum anderen gab es da immer wunderschöne Spielsachen. An Omas Hand schlenderten wir über den Markt, die Augen größer und größer werdend. Von einem Moment zum anderen wechselten die Wünsche. Kinderwunderland. Oma schaute derweil nach einer neuen Schürze, Bürste, Karottenschäler, Gurkenhobel, Tischdecke oder Pumphose. Auf jeden Fall einen neuen Kamm. Plastik mit Leopardenmuster. Und auf jeden Fall jedes Mal der Spruch: „Kinder kaufet Kämm'– es kommen lausige Zeiten!“ Oma wusste wohl, wovon sie redete. Vater machte auf seinem ebensolchen Kamm übrigens auch Musik. Beim Wandern und so. Wenn er seine Hohner Mundharmonika vergessen hatte. Aber ich schweife wieder mal ab. Mit der Oma ging es schließlich vor zur Schützenbrücke, wo der Markt begann, dort warteten wir auf Vater und konnten es noch weniger als er selbst erwarten, bis er Feierabend in der Firma Schiele hatte. Wir wussten: Vater wird uns etwas kaufen. Und so war es auch. Für den Bubi gab es ein Feuerwehrauto und für die Schwester ein Glockenspiel. Und die Kinder waren glücklich. Die großen Brüder waren derweil vorsichtig, dass Vater sie nicht am Bierstand entdeckte. Denn soooo groß waren sie da nun auch noch nicht. Wenn Oma dann noch neue Ausstecherle für die Weihnachtsbreddle kaufte, schlugen unsere Herzen noch höher.

Bobbelkapp´ und Nikolaus

Die Vorfreude begann bereits vor dem ersten Advent. Da sind wir mit Oma durch die Wälder gestreift und haben Tannenzapfen gesammelt und Tannenzweige am Baum gebrochen. Lag bereits schon Schnee auf den Bäumen, war es ein großer Spaß diesen abzuschütteln und durch den Schnee zu stampfen. Wie herrlich das unter den Füßen knirschte, wie unbeschreiblich der Wald roch. Oma hatte eine Fellmütze und einen langen Mantel mit braunem, warmem Fell um den Hals – viele Winter müssen Mütze und Mantel bereits gesehen haben. Wir hatten unsere „Bobbelkappen".

Oh – diese Bobbelkappen. Wir saßen an Omas Küchentisch, hatten aus Pappendeckel der nahen Pappendeckelfabrik beim Viadukt zwei gleich große breite Ringe mit großem Loch in der Mitte ausgeschnitten. Dann Wolle drumherum gewickelt, immer schön gleichmäßig durch das Loch durchziehen, bis wirklich nichts mehr ging. Anschließend mit der Häkelnadel aus der Allzweckkommode eine feste Schnur durch das Loch getüftelt und dann fest zugezogen, damit der Bobbel später nicht auseinanderfiel, weil, jetzt kam die große Schere aus der Allzweckkommode. Damit schnitten wir am Rand entlang dieses Knäul auf, so dass es auseinanderspross. Nun den Pappendeckel noch herauspulen und das Ganze zu einem Bobbel, also Bollen, sprich zu einer Wollkugel zurechtstutzen. So wie für einen Bollenhut. Oma strickte eine Mütze dazu, da kam der Bobbel obendrauf, da war er dran. Mit dem Kopf geschüttelt war das ein lustiges Spiel. Damit konnte man auch den Schnee von den Zweigen wedeln, bevor wir diese brachen. Oder den anderen Kindern die Bobbelkappe klauen, indem man im Vorbeirennen den Bobbel packte. Klar, oder gepackt bekam.

Oh dieser Duft von frischem Tannenreisig! In Omas Küche stand in der Adventszeit inmitten des Tisches auf einem fein weihnachtlich mit Zweigen und Kerzenmotiven bestickten Tischtuch eine schlichte, runde Keramikschale, lindgrün wie die Veilchenvase, mit einem dicken Rand, damals schon eine Antiquität. In diesem Rand waren vier Löcher für die Kerzen. Um die Kerzen legte Oma die Tannenzweige, in die Mitte der Schale kamen die Walnüsse, die Orangen, die Mandarinen. Als Orangen und Mandarinen noch etwas ganz Besonderes waren. Und Schokolade sowieso. Dieser unglaubliche Duft, welchen diese Mischung in den Raum zauberte! In ihrem Herd knackten lustig die Tannenzapfen, glühend orange waren diese, das Harz betörte zusätzlich die Nase. Unter strengem Blick der Oma durften wir kleine Zweige in die züngelnde Flamme halten – dann streifte ein noch intensiverer, noch mehr verzauberndere Duft durch den Raum. Fasziniert schauten wir, wie die kleine hellorangene Glut an den Tannennadelspitzen leuchtete und loderte, ein kleines, blaues Rauchfähnchen zischend und ächzend von sich gebend, und schließlich wieder erlosch. Das Flackern der Kerzen warf Schattenspiele an die Wand. Auf dem Tisch die Kanne mit dem Oma-Tee, dazu eine Schneckennudel vom Schweigerbeck. Einmal war der Duft ganz besonders stark, als mich Oma aus der guten Stube nochmals in die Küche schickte, etwas zu holen. Denn, oh Schreck, wir hatten vergessen, die Kerzen zu löschen, die Zweige waren schon angekohlt. Das hat mir den Respekt vor dem Feuer gelehrt. Kerzen ausmachen ging bei Oma übrigens ganz einfach, wenn unser Pusten nicht gereicht hat: dazu machte Oma immer ihre Allzweckspucke an die Finger und drückte die Flammen aus.

Zuhause saß Vater derweil im Heizungskeller neben dem Bullerofen und band einen riesigen Adventskranz. Er hatte sich extra feste Holzringe angefertigt, die er mit der einen Hand mit frischen Zweigen umlegte und mit der anderen Hand mit feinem, aber festem Draht umwickelte. So sahen wir mit leuchtenden Augen, wie der Kranz wuchs und wuchs. Buschiger und buschiger. Duftender und duftender. Und Vater immer mehr ins Schwitzen kam, denn der Kranz wurde schwerer und schwerer. Drehen, belegen, umwickeln in einem Rutsch. Zum Schluss wickelte Vater ein breites dunkelrotes Band mit Goldrand um den Kranz, welches er im Vorjahr feinsäuberlich und faltenfrei wieder aufgerollt hatte. Vier silberne Kerzenhalter mit langer Nadel unten dran stach er in den Kranz, vier mächtige Kerzen tragend. Die Krönung aber waren die kleinen Fliegenpilze, die wir Kinder an den Zweigen festmachen durften. Vorsichtig, damit keiner kaputt ging – auch die Pilze mussten mehrere Jahre halten. Aus der Küche drang derweil der Duft von Zimt und Haselnussteig zu uns. Zuvor hatten wir die Haselnüsse mit so einer Mühle gemahlen, die Mama oder Oma mit Zwingschraube an der Tischplatte festgeklemmt hatte, indem wir von oben die Nüsse einfüllten und mit so einem Teil in die Mühle drückten. Also drücken und drehen gleichzeitig ergab das leckere Etwas für den Teig. Auf die Plätzchen kam eine ganze Haselnuss.

Das Tannenreisig hatte Vater im Wald besorgt, so ein Kofferraum eines alten Opel Rekord, C-Modell Limousine war groß. Sehr groß. Und vielseitig. Da passte viel rein. Vater wusste schon im Sommer, wo er dieses organisieren konnte. Im Sommer wurde auch bereits Ausschau nach gleichmäßig gewachsenen Wachholderbäumchen gehalten. Diese brauchte Vater für sein selbstgebautes „Kripple", eine prächtige Weihnachtskrippe, bestimmt vier auf zwei Meter groß. Berge hatte diese, aus großen schweren Steinen, die Vater gesammelt hatte. Auf den Spitzen Schnee aus Styropor. Mit Moos war sie ausgelegt, im Keller zuvor sorgfältig getrocknet. Waldduft im Keller! Ein Krippenhaus, von Vater liebevoll gebastelt. Silberpapier, zerknittert, wurde zu Bächen im Glücksbild der Kindheit; ein selbstgedrechselter Ziehbrunnen stand am Glitzerwasser. Und natürlich Maria und Josef sowie das unschuldige Jesus-Kind in der kleinen Krippe. Drumherum hatte Vater Stroh ausgelegt. In diesem ruhten kleine Schäfchen, der Esel, das Kamel und natürlich die drei Weisen aus dem Morgenland von denen einer schwarz war. Feinste Südtiroler Schnitzereien. Das allerschönste aber war das Licht. Denn Vater hatte mit kleinen Glühbirnchen ein Netz aus Lichtlein errichtet, mit farbigem Papier verkleidet, so leuchtete die gesamte Krippe in vielen Farben. Dann wurde auch das Licht in der Stube ausgemacht. Und weil die Krippe so schön und Vater so stolz war, durften wir die Kinder aus dem Kindergarten einladen, die Krippe zu bestaunen. Mutter kochte heißen Kakao und wir genossen es im Mittelpunkt zu stehen. Vorher hatte die Kindergruppe Halt gemacht in der Backstube vom Bäckermeister Buske, einem guten Menschen.

So konnte auch der Nikolaus kommen, heimlich füllte er bei Oma unsere Schuhe, die wir abends vor die Türe im Gemeinschaftsflur gestellt hatten. Und zu Hause, da kam er leibhaftig. Die Legende sagt, dass eben dieser Nikolaus mit seinem Knecht Ruprecht einst die großen Brüder mit Rasselkette durch das Zimmer gejagt hat. Da hatten wir ja auch noch keinen Holzkeller. Vera und ich waren ja immer brav gewesen. Meistens eben. Zumindest, wenn die Eltern dabei waren. Glaube ich.

Den heiligen Baum klauen

Kaum eine Wanderung im Sommer, wo Vater nicht auch schon mit geschultem Auge nach dem passenden Weihnachtsbaum Ausschau hielt. Passenden Bäumen, um genau zu sein, denn unsere Wohnung hatte zwei Wohnzimmer, also brauchte Vater zwei Weihnachtsbäume. Das war ihm wichtig. Dazu noch einen für das Bahnhöfle. Also drei. Wenn es dann auf Weihnachten zuging, wurde es für uns Kinder besonders spannend. Denn dann begann das Abenteuer „Weihnachtsbaum klauen". Bei Nacht und Nebel. Unheimlich so nachts im Wald, die Säge unterm Arm. Aber Vater beschützte uns. Ob wir die heiligen Bäume wirklich geklaut haben, um es abenteuerlich zu machen, oder ob Vater dem Waldbauern vorher Bescheid gegeben hat, weiß ich bis heute nicht. Bruder Helmut erzählt, sie wären einmal erwischt worden, Vater erzählte dem Waldbauern eine Geschichte, dass sie sich verlaufen hätten und im falschen Wald gesägt hätten und das Vater dem Bauern dann einen Schein in die Hand gedrückt hätte und-so-weiter-und-so-fort. Lange Rede kurzer Sinn: die beiden endeten in des Bauern guter Stube und aßen und tranken und tranken und aßen. Wie sie den Baum heil heim gebracht haben, weiß er nicht mehr. Wahrscheinlich mit dem 7. Sinn.

In Omas guter Stube stand auf einem kleinen Tischchen immer ein kleines Bäumchen. Das hat Onkel Siegfried, also ihr Jüngster, besorgt. Geschmückt mit silbernem Lametta, roten Weihnachtskugeln und Kerzen. Die Kerzen steckten in verzierten silbernen Kerzenhaltern, welche Oma an den Zweigen festgeklemmt hatte. Mit riesigen Streichhölzern zündete Oma die Kerzen an, nicht ohne mahnende Worte an die kleinen Enkel ob der Gefahr. Vorsichtig, ganz vorsichtig, durften auch wir Kinder eine Kerze anzünden. Anschließend saß Oma in ihrem Sessel, die Augen ganz besonders gütig, die Enkel auf dem Sofa. Opa schaute vom Gemälde herab ohne eine Miene zu verziehen. Aus dem alten Radio erklang Weihnachtsmusik. Dann wussten wir, nun kann es wirklich nicht mehr lange gehen, bis das Christkind kommt.

Vaters Baum war sein Heiligtum: wehe, wenn die Spitze beim Abtransport im roten Opel Rekord Kofferraum gebrochen war! Absoluter Hochsicherheitstrakt waren die riesigen roten Kugeln an den unteren Ästen. Ausgerechnet an jenen Ästen, wo wir Kinder besonders gut drankommen konnten. Dann war Vaters strenge Stimme garantiert – Weihnachten hin, Weihnachten her!

Auch das buchhalterisch genau gelegte Lametta war ihm heilig. Und die silbernen Vögelchen, die er in den Baum geklemmt hatte, sowieso. Nach Weihnachten wurde das Lametta fein säuberlich wieder vom Baum genommen, glattgestrichen und in die Packung gelegt, wo es einst herkam. Bloß nix wegwerfen. Perfekte Umweltbilanz.

Klar, wir haben durchs Schlüsselloch gespickelt (als Schlüssellöcher noch Schlüssellöcher waren), ob das Christkind denn schon etwas gebracht hatte. Schauen kann man ja mal.

Von der Stillen Nacht

An Heiligabend ging es zunächst vor Omas Baum und von da mit Oma in die Kirche. Einmal im Jahr konnte man das ja mal machen. Die Kirche war für Vater ein rotes Tuch, aber er hat uns nicht manipuliert. So wurden die Kirchenglocken zum Inbegriff eines Heimatgefühles, wie es stärker nicht sein kann. Kirchenglocken als Symbol für Geborgenheit, für das Daheim sein. Kirchenglocken lösen auch heute noch ein Heimatgefühl aus, Erinnerungen an die Kindheit. An Hochzeiten, an Taufen. Und an Beerdigungen. Bei unserem Gang von der Schloßstraße zur Kirche gingen wir mit Oma entlang der Hauptstraße. Über der Hauptstraße hing, wie an Fasching die Bändele, nun die Weihnachtsbeleuchtung im Zick-Zack. Glühbirne an Glühbirne ergab ein leuchtendes Band, in der Mitte der Straße jeweils eine Sternenkontur, ebenfalls aus Glühbirnen. In Höhe Elektro-Schondelmaier und Volksbank (wo heute das Bärenareal steht) stand ein riesiger Weihnachtsbaum mit für uns Kindern unendlich vielen strahlenden Glühbirnen. Lag bereits Schnee auf der Straße, auf den Wegen, auf den Zweigen des Weihnachtsbaumes und auf den Dächern, so schien die weiße Pracht in der Reflexion der Weihnachtslichter zu leuchten, dann wurde ein Weihnachtsbildermotiv daraus, wie es schöner nicht sein kann. Unter diesem feierlichen Lichtermeer stolzierten wir an Omas Hand zur Kirche, dem Klang der Glocken folgend. „Oh, Du fröhliche!"

Vater war katholisch, Oma und Mutter evangelisch, das war damals bekannterweise noch Politik ersten Ranges. Wir wurden evangelisch getauft, also saßen wir in der historischen evangelischen Johannes Täufer Kirche. Auf der Empore, mit tollem Blick vor zum Altar, zur Kanzel, zu den Glasmalereien im Chor. Wir konnten es kaum erwarten bis der Gottesdienst zu Ende war, wir endlich zu den Geschenken konnten. Wir sangen „Es ist ein Ros entsprungen, aus einer Wurzel zart...", dann der Segen. Die Glocken läuteten, drangen bis in Mark und Bein. An der Hand der Oma wateten wir durch den Schnee mit schnellst möglichem Schritt ins Sägegrün, die Oma über das Christkind aushorchend. Vor den Geschenken hat der liebe Gott aber das gemeinsame Stille Nacht Singen sowie die Wienerle mit Kartoffelsalat gestellt, mit zunehmendem Wohlstand gab es gar ein Schäufele. Groß war der Tisch, der das Essen trug: Oma, Vater, Mutter und wir vier Kinder glückselig vereint. Geborgenheit. Glück. Zufriedenheit.

Und dann der Moment, als Vater meinte, er habe etwas gehört und er gehe mal nachschauen. Im Wohnzimmer, wo der Weihnachtsbaum stand. Bald kam er zurück, das Fenster in der großen guten Stube war geöffnet, die Kerzen am Baum brannten in vollem flackerndem Feuerschein – ein Glitzern und Funkeln ging von den Kugeln aus, spiegelten sich im Lametta. Der Duft des Baumes, der Duft von Weihnachten. „Ich habe das Christkind gerade noch durchs Fenster davonfliegen sehen", so die Stimme des Vaters, die stets frisch rasierten Wangen zur Feier des Tages nach Pitralon riechend, leuchtend die Augen der Mutter. Am schneebedeckten

Fensterbrett zeigte er uns Spuren – das war der Beweis! Es gab das Christkind wirklich! Unter dem Baum Geschenke. Das erste Klapprad, die erste Eisenbahn, das Glockenspiel, ein Revell-Bastelbausatz.

Der schönste Tag im Jahr. Als der Platz der Mutter leer blieb wurde daraus der schrecklichste Tag. Da halfen auch Vaters und Omas Worte nicht, ihre Augen verrieten, dass sie heimlich geweint hatten. Heimlich, Weinen gehörte sich nicht. Die Weihnachtskrippe blieb im Keller. Stille Nacht.

Der erste Schultag

Zum ersten Schultag hatte Vater mir fein säuberlich aus gelbem Klebepapier in Großbuchstaben meinen Namen ELMAR ausgeschnitten und auf die blaue Schultüte geklebt. Oben war diese mit ebenso gelbem Krepppapier verschlossen. Das Papier stand so hoch über den Rand der Tüte und diese war so schwer, da musste doch allerhand drin sein! Viel mehr, als ich mit der Oma beim Emil Hackenjos im Edeka-Lädele aussuchen durfte! Der kleine Elmar trug dieselbe Kleidung wie auf dem Kindergartenentlassfoto. Helle Sonntagshose (Aufpassen, bloß nicht rumrennen und schmutzig oder gar ein Loch rein machen), gelber Rollkragenpullover und ein blauer Pullunder. Dazu eine Prinz Eisenherz-Frisur, ich glaube der Friseur Leisinger konnte für Kinder noch gar nichts anderes. Auf der Treppe vor dem alten Schulhaus standen wir, nebeneinander und hintereinander für das Einschulungsfoto. Das Schulhaus selbst: grüne Wandkacheln, lange, dunkle, kühle Fliesengänge, Gewölbedecke im Erdgeschoss. Kaiserlich. Ein Wasserbecken an der Wand. Außen Kleiderhaken und große Türen. Viele Kleiderhaken und viele große Türen. Hinter einer war unser Klassenzimmer, da ging es hinein und da waren wir drin. Ganz schüchtern. Ohne die Tante aus dem Kindergarten (mein Gott, wie hieß sie doch noch?). In der Grundschule ist das ja so, dass man viele aus dem Kindergarten kennt. Zumindest die evangelischen. Und so saß ich dann auch, wenn ich mich jetzt nicht irre, neben dem Ziegler Michael, dem „Ziegi", dem Sohn vom Lehrer Ziegler, dem AWO- und SPD-Tausendsassa. Das konnte nicht schaden, denn der Ziegi war ein ganz Gescheiter. Schade, die Heike aus dem Kindergarten kam nicht in meine Klasse. Riesengroß erschien mir die Tafel, da vorne. Ganz vorne, hinter dem hölzernen, mächtigen Pult des Lehrers. Klassenlehrer wurde der Herr Geiger. Ein guter Mensch, im Gedächtnis ist er mir optisch als typischer Vertreter der Siebziger geblieben: dunkles Haar, Koteletten, Hemd, braune Lederjacke. So bissl wie der Wepper Fritz, also der Harry, aus dem Derrick. Und immer nach Zigarettenrauch riechend. Aber wie gesagt: ein guter Mensch! Die Zeit des Rohrstocks war vorbei, aber eine gewisse Strenge war doch zu spüren. Und vor allem Respekt. Viel Respekt. Vor allem davor, dass der Lehrer irgendetwas den Eltern sagen könnte, denn wenn der Lehrer etwas petzte, dann gab es zu Hause auf die Ohren, der Lehrer wird schon einen Grund gehabt haben. Nix der Schule gleich mit Anwalt drohen und so, wenn der Lehrer mal eine Zwei statt einer Eins gibt.

Der Schulweg war eine ganz besondere Sache, denn der war gefährlich. Und zwar richtig gefährlich! An der Straße, hinter dem Rathaus, stand nämlich noch das alte Haus vom „Kaufhaus Friedrich Schmidt, Spielwaren und Scherzartikel jeder Art" – ein Füllhorn an Wundern, je höher wir in dem alten Haus aufstiegen, habe ich ja schon erzählt. Und weil es da noch stand, war es an dieser Stelle ganz besonders eng im Städtle, der Gehweg gerade mal so breit, dass ein kleines Kind darauf gehen konnte (und musste). Und weil es damals ja auch noch keinen Hornberger Tunnel für die Bundesstraße gab, zwängte sich da Auto an Auto und LKW an LKW durch die Engstelle, haarscharf an uns Kindern vorbei. War halt so, „muesch halt uffbasse". LKW-Abgase, auch so ein Kindheitsduft. Immerhin Grobstaub, den konnte man abhusten.

Datschwecken und Sportbeutel

Geschrieben wurde am Anfang, ich glaube das heute kaum, mit Kreidestiften auf einer kleinen Schiefertafel, aber aus Hartplastik, mit drei Linien drauf, immerhin, die jedes Kind selbst mitbrachte (und auch gerne mal in der Schule vergaß und so eine extra Engstellengehwegbenutzung verursachte, denn ohne Tafel keine Hausaufgaben und ohne Hausaufgaben gab's Schimpfe). Auf die Hartplastikschiefertafel malten wir dann eine schwungvolle 1 auf die Linie, die zur Blume wurde. Zum Besser merken. Eine nach der anderen, drei Reihen untereinander. So ging das auch mit den anderen Zahlen und vor allem mit den Buchstaben. Oder Mengenlehre: Bunte Kreise malen, die sich überschnitten. Rote, gelbe, blaue. Später hatten wir dann Hefte, klar. Und einen rot-blauen Radiergummi sowie einen Tintenkiller, an dem man so schön die Spitze ablecken konnte und dadurch eine verräterische blaue Zunge bekam. Am Rande des Pausenhofes, in so einem kleinen Häuschen direkt neben dem alten Schulhaus, da war eine Bäckerei, oder zumindest ein kleiner Laden mit Miniverkaufsraum, vielleicht war es auch nur ein Verkaufsfenster. Auf jeden Fall gab es da Datschwecken, also ein Brötchen mit einem verdrückten Mohrenkopf, pardon Schokokuss, drinnen. Für siebzehn Pfennige. Komplett versteht sich. Eszet-Schnitten für die Brötchen konnten wir uns nur selten leisten. Und zum Nachtisch eine Schleckmuschel oder, jaaaaa: Esspapier!

Selbst mit geschlossenen Augen konnten wir im Unterricht erkennen, welche Kinder aus den ländlichen Ortsteilen kamen, also Reichenbach oder Niederwasser, denn die rochen so nach Kuh, manche rochen sogar ziemlich nach Kuh. Dass diese armen Kinder vermutlich schon zwei Stunden Stallarbeit hinter sich hatten, wussten wir ja nicht, wir waren ja Großstadtkinder. Gruppenbildung. Mobbing. Schmerzende Ohren hatten wir, wenn die Tiefflieger, also Kampfjets, über das Tal zogen, des Öfteren dabei die Schallmauer durchbrachen, nachdem das Grollen immer unerträglicher wurde, da war der Lehrer nicht mehr zu verstehen, war halt so. Was die machen wegen Kaltem Krieg und so, hat aber niemand erklärt. Man gewöhnt sich ja an alles. Dafür wussten wir, was eine Schallmauer ist.

Zum Sport ging es in die noch recht neue Sporthalle hinter dem Viadukt. Händchenhaltend in Reih und Glied, bloß nicht den Sportbeutel vergessen! Umziehen vor den anderen, Igitt! Der Geruch von Linolium-Sporthallenboden. Erst mal paar Runden am Rand entlang rennen, dann Mannschaftswahl: die Großen und Starken werden gewählt, die Kleinen bleiben sitzen. Ich war nicht groß. Welch Pädagogik! Da hatten dann die mit den riechenden Kühen einen Vorteil, die mussten Zuhause ja auch körperlich arbeiten, hatten mehr Muckis, was sich beim „Kätschen" – also Ringen ohne Regeln – nicht nur beim Sport, sondern auch in den Unterrichtspausen für die Großstadtkinder als Nachteil zeigte. Mobbing-Response. Da konnte auch schon mal eine Nase bluten, einige waren da nicht zimperlich, der M. zum Beispiel, deswegen hat man ihn auch in ein Heim gesteckt, razzfazz ging das. Er ward seither nicht mehr gesehen. Was aus ihm geworden ist? Siehe gleich auch Pädagogik der Siebziger. Dann, Völkerball (VÖLKER-Ball?): andere abwerfen – klar, die Kleinen. Es ging aber noch schlimmer. Ich war zwar im Minigolf gut, nein ich war der Beste, aber Bockspringen… Um Himmels Willen. Am liebsten drunter durch. Und dann erst die Ringe, die Seile! Entspannung gab's im Winter, da hat der Lehrer mit uns einfach eine Schneeballschlacht vor der Halle gemacht. Das war schön. Will sagen, Sport, das war nicht meins, ich war da eher der Kreative. Ich habe gemalt, was das Zeug hielt: Rennwagen mit drei Achsen zum Beispiel – die Idee hat mir dann ABBA für die Formel 1 geklaut! Oder Rechnen, ja in Rechnen war ich auch ganz gut. Da kam es ja nicht auf die Größe drauf an. Aber welche Mädchen interessieren sich schon für Mathematiker?

Die Pädagogik der Siebziger

Man sagt dies ja nicht wirklich so gerne, aber der Strengste (und ich möchte auch sagen, der Ungerechteste) war der Religionslehrer. Und da wundert man sich, dass die Kinder nicht in die Kirche wollten. So war auch die schlimmste Drohung der Eltern: „Wenn du nicht brav bist, musst du am Sonntag in die Kirche." Das hat immer gezogen. Mehr noch als: „du kommst ins Heim, wenn du nicht brav bist." Oder: „Wenn de schbinnsch, dann kommsch nach Emmedinge!" (Dazu muss ich erklären, dass es in Emmendingen eine Psychiatrie gab und noch gibt, früher lapidar als Klappsmühle bezeichnet). Der Allerschlimmste aber war der Schularzt unbekannter Vergangenheit. Der kam, hatte einen weißen Kittel an, und befand, dass wir etwas dürr seien und wir ins „Kindererholungsheim" müssten. Und was der Schularzt sagte, das war Gesetz. Staatshörigkeit. Vielleicht waren die ja auch neidisch auf Papas nagelneuen Granada, wer weiß das schon, aber schon komisch, dass Vera und ich die einzigen Kinder im Kinzigtal waren, die in Erholung durften. Dass wir zusammen waren, war das einzig pädagogisch vertretbare an der Sache. Ansonsten hätte der Anwalt Sinn gemacht. Advokaten gab´s aber nur für die Oberschicht. Der Schularzt muss auch weit über dem Schuldirektor gestanden haben, denn der sagte vermutlich nichts, obwohl der sonst eigentlich ein ganz netter war. Die Diagnose: sechs Wochen die Kinder den Eltern entziehen. Und der Oma. Und den Kindern die Eltern und die Oma. Eingesammelt wurden wir am Bahnhof Offenburg – dieser unheimlich große und beängstigende Bahnhof der Großstadt mit der finsteren Unterführung. Für Schwarzwaldkinder beengend, Furcht einflößend.

Im Zug Kinder aus ganz Deutschland, alle mit dem gleichen Ziel. Erst einmal vor Ort, sah ich Vera fast nicht mehr. Als die Eltern es nicht mehr aushielten und uns im wunderschönen, romantisch und idyllisch gelegenen Dorf Agra beim Luganersee mit vergittertem Kindersanatorium besuchen kamen, habe ich Vater zum ersten Mal weinen gesehen. Aus der Ferne. Sie standen oben an der Straße, wir unten hinterm Zaun. Einem hohen Zaun. Also hinter Gittern. Die mitgebrachte Schachtel Süßigkeiten wurde konfisziert und zur Strafe an die anderen Kinder verteilt. Waren ja auch alles arme Schweine. Einer in meinem Zimmer hat jede Nacht ins Bett gemacht und wurde dafür bestraft. Kein Wunder, die Türen waren verschlossen, nachts war Toilettenverbot. Gut, dass es nicht gebrannt hat. Es gab viele Arbeitsdienste, darunter den Frühstücksdienst: Brote mit Butter und Marmelade beschmieren für die anderen. Viele, viele, viele Brote. Der Duft von Marmeladenbrot mit Butter treibt mir noch heute die Bilder in den Kopf – so esse ich wenigstens nicht mehr zu viel Zucker. Die Dünnen wurden gemästet, daneben saßen die Dicken, die wurden halb Verhungern gelassen. Auch gab es da ein kleines Schwimmbad, für mich als Nichtschwimmer die Hölle. Aber das interessierte so wenig wie das Bettnässen des Bettnachbarn. Gott sei Dank gab es im Sanatorium nicht nur Religionslehrer und dergleichen, sondern auch einen Herrn, Marke „Geiger", den Herbert mit der Gitarre. Als die Eltern uns mitnehmen wollten, wurde ihnen gedroht. Sehr gedroht! Mit sehr hohen Geldsummen. So war die Pädagogik in den Siebzigern. Und noch mehr in den Sechzigern. Selbst noch in den Achtzigern. Ein Schelm, der denkt, da habe noch jemand dran verdient. Es ging nur um das Wohl der Kinder. Doppelmoralisten.

Dagegen war die Schluckimpfung – Mund auf und Zucker mit einem Tropfen irgendwas drauf rein, und schlucken – ich will schon sagen, Kinderfasching. So wie die Spritze in den Arm gegen Wundstarrkrampf. Alles ohne Diskussion. Staatshörigkeit. Schnell das Thema wechseln. Für heute.

Ödipus

Die 68er Revolution kam im Schwarzwald ja etwas zeitverzögert an, also auch in Hornberg. Leider, siehe Schularzt. In Hornberg hatte die Revolution sogar ein Gebäude: das „Ödipus". Fällt mir gerade so ein, denn es stand in der Hauptstraße gegenüber der Schule aus der Kaiserzeit. Während die Kleinen lernten, übten die Großen, und die, die sich schon dafürhielten, das Aufbegehren. Mit langen Haaren, Bärten (oder Bärtchen), Haaren unter den Armen und sonst noch wo, Pickeln im Gesicht, verschwitzten synthetischen Klamotten und stinkenden Socken und so. Meine zwei großen Brüder zum Beispiel. Den Helmut heute darauf angesprochen, was darin so alles abging, grinst er nur. Da konnte Frau Dr. Sommer aus der BRAVO vermutlich abstinken. Und der Schularzt auch. Die Kleinen durften auf jeden Fall nicht mit rein. Ob das eine offizielle städtische beidergeschlechtliche Jugendeinrichtung war oder ein besetztes Haus, weiß ich nicht, er auch nicht, glaubt aber, dass ein damals bereits Volljähriger das offiziell gemietet hatte. Auf jeden Fall fanden darin auch all diejenigen dauerhaft Zuflucht, die zu Hause mal wieder rausgeflogen oder ausgerissen waren. Wenn sie dem Zigaretten-und-was-weiß-ich-was-für-ein-Rauch im Ödipus standhielten. Mein ganz großer Bruder zum Beispiel, der Langi. Aber nichts ist auf Dauer. Denn zum einen hat Vater, streng aber gerecht, dem Langi fünfzig Mark in die Hand gedrückt, er möge seine Schulden bezahlen und wieder nach Hause kommen (womit auch die Zeit endete, dass er unseren Nachbarn in der Hauptstraße, also den Gärtnern Hopp, den Kühlschrank leergefressen hat), und zum anderen hat das Ödipus dann gebrannt. Lichterloh, um genau zu sein. Da konnte, oder wollte, die Hornberger Feuerwehr auch nicht viel machen. Denn es musste ja erstmal jemand Bescheid geben, dass der Hornberger Schandfleck brannte, so ohne Handy und Telefon und so. Dann musste jemand auf den Sirenenknopf drücken, damit es vom Schlossberg so richtig ins Städtchen runter heulte. Dann mussten die mutigen Hornberger Feuerwehrleute erstmal ihren Arbeitsplatz, die Wirtschaft oder die Frau, wo sie gerade waren (alles Spekulation), verlassen und zum Spritzenhaus wackeln. Und dann mussten sie ja auch erstmal die alten roten MAN mit den langen Motorhaubenschnautzen anschieben, um lautstark und spektakulär überhaupt zum Ödipus rollen zu können. Da spielte es dann schließlich auch schon gar keine Rolle mehr, dass die Feuerwehrschläuche, erst einmal vor dem Ödipus ausgerollt und mit Wasserdruck gefüllt, platzten und schöne Springbrunnen ergaben. Das kann ich bezeugen, denn, klar; der wunderfitzige Bubi und die noch wunderfitzigere Oma und noch viel mehr noch viel wunderfitzigere Hornberger und Hornbergerinnen hatten sich mittlerweile am Ort des Spektakels eingefunden. Ganz großes Kino. War ja sonst nicht viel los im Städtle. Gleiches galt übrigens für die verlassene, unnütze obere Mühle in der Schloßstraße, vis-à-vis der Oma. Auch abgebrannt. Nur hatten wir da einen Logenplatz am Küchenfenster der Oma.

Melodica und roter Kopf

Ab der dritten Klasse durften wir in den Schulneubau, über die Vorstadtstraße hinweg. Nicht so schick wie der wilhelminische Schulaltbau, eher so Ritter Sport mäßig. Uns hat es stolz gemacht, denn nun gehörten wir zu den Großen. Der praktische Neubau hatte einen eigenen Schulhof, ohne Spielgeräte, dafür mit geheimen Raucherecken für die noch Größeren, die waren ja schon Zwölf oder so. Und wir kleinen Großen hatten eine Mutprobe: Einmal am Zaun des Schulhofes entlanglaufen. Und zwar auf der anderen Seite, nach außen und unten hin. An der Bergseite ging das ja noch, aber zur Straße hin, da ging es ziemlich abwärts! Da konnte sich der kleine Elmar beweisen. Einhändig. Er hatte ja eine harte Schule im Erholungsheim hinter sich.

Als es auf das Ende der vierten Klasse zuging, stand die Empfehlung für das Gymnasium auf dem Lehrplan. Meine Noten hatten eine eindeutige Sprache, mein Wunsch war aber ein anderer: ich wollte auf der Hornberger Grund- und Hauptschule bleiben. Ich wollte Straßenfeger werden! Und warum? Weil beim Edeka Hackenjos die Straßenfeger immer einen Schnaps umsonst bekamen. Darum! Lustig! Vater hat sich durchgesetzt, es ging nach Hausach aufs Gymnasium (Danke Vater, der Respekt vor Straßenfegern ist aber bis heute geblieben).

Ins Gymnasium ging es von Hornberg mit dem Zug oder besagtem Schienenseppl. Wobei es sich im Zug besser abschreiben ließ als im Schienenseppl, zwecks weniger Gewackel. Den Weg zum Zug kannte ich ja schon auswendig, denn der Zug zur Schule hielt am Bahnhöfle. So stand morgens erstmal ein Aufstieg über die 90 Treppenstiege am Kindergarten oder alternativ die 132 Stiegen in der Leimattenstraße vorbei am Lichtspielhaus zur Auswahl. Je nach Tageslaune. Frühsport. Auch im Winter. Nix Elterntaxi. Klar, morgens war das Bahnhöfle noch zu, nach der Schule war ich dafür gleich zu Hause, am Stammtisch im Bahnhöfle. Den Weg vom Hausacher Bahnhof zum Gümi, also Gymi, sprich Gymnasium, konnte man nicht verfehlen – einfach der Menge hinterherlaufen. Damals hieß es auch einfach nur Gymnasium Hausach, Grundschule Hornberg und so, ohne irgendjemand für irgendwas die Ehre zu erweisen. Robert-Gerwig-Gymnasium Hausach zum Beispiel, dem Erbauer der Schwarzwaldbahn. Wie dem auch sei, das Gümi war viel größer als die Grundschule – und überhaupt, die Schüler (klar, und Schülerinnen) waren auch viel größer. Also die meisten. Die allermeisten. Besonders in der Raucherecke – ich glaube, der ganze Schulhof war eine Raucherecke. Auf jeden Fall gab es viele neue Gesichter in der Klasse. Auch Mädchen. Viele Mädchen. Man wartete ja bereits auf das erste Barthärchen. Und weil Lehrer Rosemann da eine tolle Idee hatte, kam man denen auch näher: Die Sitzplätze wurden regelmäßig neu ausgelost, so dass die Hoffnung jedes Mal da war, neben DER oder DER zu sitzen! Und zu hoffen, dass sie nicht riecht, dass man den gestreiften Nicki-Lieblingspulli schon lange nicht mehr gewechselt hat. In den Pausen gab es Schoki im Tetrapack – nicht mehr dreieckig, sondern rechteckig. Aber nach dem Lertrinken wieder aufpusten und draufhopsen war trotzdem Pflicht. Manchmal auch ohne vorher leertrinken. Und den anderen (nicht die andere, das traute Mann sich dann doch nicht) draufhopsen lassen. Und zum Schoki gab es einen Wurstwecken vom Hausmeister seinem Kiosk. Anstehen, drängeln. Welch ein Wurstweck! Riesengroß mit dick nichtveganer Lyoner und Essiggurke und Butter drauf. So gestärkt ging es auch in den Musikraum. Ein großer Raum, vorne stand ein Klavier, nein, ein Flügel, und wir saßen alle davor, in mehrreihigem Glied, am Stuhl so ein Armbrett dran, um das Heft abzulegen. Oder zu bemalen. Melodica spielen lernen war Pflicht. Alle hatten so eine wunderschöne moderne schwarze Hohner im grauen Köfferchen. Nur der Langenbacher nicht, also der Elmar, der hatte noch so ne olle grüne mit kleinen Tasten. Ohne Köfferchen. Außenseiter. Weil die Brüder, vor Jahren auch hier sitzend, auch schon Melodica spielen sollten, dies aber nicht taten und Vater zu Hause gesagt hat, eine neue wird nicht gekauft, die alte liegt auch nur rum. Das war aber auszuhalten, gegenüber dem, was folgte: Vorsingen. Vor-singen-vor-der-ganzen-Klasse-und-zwar-alleine. Der Schülerchor brauchte schließlich talentierten Nachwuchs. Herr Lohmann am Klavier, ein einsames kleines Wesen stand alleine daneben, einer und eine nach dem anderen und der anderen. Die anderen saßen in ihren Reihen und Gliedern – und lachten! Klar! Da kam ja allerlei Untalentiertes ans Licht beziehungsweise ans Ohr. Der Abus, ich verrate jetzt seinen richtigen Namen nicht, der stand mit besonders rotem Kopf da vorne. Eigentlich war sein Kopf immer schnell ganz rot, wenn irgendetwas nicht ganz nach Plan lief. Also eigentlich immer. Apropos Armbrett am Stuhl. Das konnte man wie gesagt so schön bemalen, zwecks Langeweile während langweiligem Requiem hören. Das wiederrum gefiel Musiklehrer Lohmann nicht. Und so kam es, wie es kommen musste. Man reihte sich in die Schar derer ein, aus deren Schulranzen, SCOUT, auf der Prozession zurück zum Bahnhof so ein Armbrett ragte. Mit dem Auftrag, dieses zu Hause abzuschleifen und sauber wieder mitzubringen. Die Legende sagt, die Armbretter wurden immer dünner. Als Vater sah, dass sein Bub im Gegensatz zu den großen Brüdern gerne und fleißig Melodica übte, gab es dann doch auch so eine neue schicke Hohner. Da war Vater schon sehr gerecht. Zum Dank habe ich die dann im Zug liegen lassen. Immer noch besser, als aus dem Zugfenster zu verlieren. Aus dem Zugfenster zu verlieren? Einfach so? Ne, natürlich nicht einfach so. Denn ein besonderes Hobby war es von uns, also dem Ziegi, dem Reiner, dem Andi und so, am Zug die Fenster runterzuziehen, was damals ja noch ging, und die

Melodicas außen durchzureichen. Oder eben fallen zu lassen. Ob das jetzt gefährlicher war, als das andere Zughobby, das weiß ich jetzt nicht mehr, entscheidet selbst, das andere Hobby ging so: Fenster auf, weit rausstrecken und während der Fahrt von den Bäumen und Hecken Blätter abreißen. Die Hände und Arme gepeitscht bekommen. Wer in Hornberg am meisten Blätter hatte, hatte gewonnen! Die im Zug vergessene Melodica kam übrigens mit dem nächsten Zug zurück; bevor Vater nach der Arbeit in der Schiele am Bahnhöfle erschien – danke liebe Schaffner!

Dicke Lippe

Da hatten wir auch den Lehrer Braun. Der hatte beim SC Freiburg gekickt, bevor er nach Hausach versetzt wurde. So wurde ich als Bub schon mit dem SC Freiburg-Virus infiziert, als Freiburg noch irgendwo unten rumdümpelte und der FC Freiburg die Nummer eins war. Visionär eben. So stand auf meinem Schlampermäpple für die Stifte und Füller – welches den Namen Schlamper auch redlich verdient hatte, und zwar täglich – bereits in den Siebziger Jahren SC FREIBURG. Selber gekickt habe ich aber nicht, siehe Sportunterricht in der Grundschule. Ich entdeckte da lieber die kreative Ader. Also nicht die kreative Ader, wie man in den naheliegenden Geschäften, die wir unerlaubterweise in der großen Pause aufsuchten, am besten klauen konnte, so wie der – wie hieß er doch gleich – es gemacht hat, nein, die zeichnerische Kreativität. Nichtsdestotrotz entstand hier auch die Chance zur Prägung für den richtigen oder eben weniger richtigen Weg. Vielleicht war es ja auch die Angst vorm Vater, wenn wir beim Klauen erwischt worden wären; Christbäume gehörten da ja nicht dazu. Erwischt wurden wir allerdings von so einem Bahnpolizisten, als wir auf dem Weg zum Bahnhof eine Abkürzung genommen hatten. Über die Bahngleise versteht sich. Also: „Wem ghörsch?“, nur auf Hochdeutsch. Zum Beweis Schulbücher zeigen lassen, in welche wir ja unseren Namen schreiben mussten, doof waren, und vermutlich sind, Bahnpolizisten ja auch nicht. Zu Hause erstmal der Mutter beichten. Hat nix gebracht. Aktion und Reaktion. Erziehungsmaßnahmen der Siebziger eben. Apropos Aktion und Reaktion. So eine Prozession vom Bahnhof zur Schule und zurück, hat schon etwas Verführerisches. Vor allem im Winter. Denn da konnte man so schön Schneebälle machen und in der Deckung der Masse in eben diese werfen. Massendeckung war schon immer ein Rezept. So weit, so gut, so schlecht. Denn da hat es sich ergeben, dass just in dem Moment, wo ich mich vom Schneeballpflückenbücken erhob so einer vor mir stand. Klar, größer als ich und mit viel Schnee im Gesicht und im Kragen. Der hat mich dann freundlich gebeten, einen Stuhlkreis zu machen, was ich da eben angestellt hatte. Ne, eben nicht. Es gab auf die Fresse. Und zwar direkt und mittenrein und ziemlich stark. Und während ich schnurstracks zu Boden ging, drehte der sich einfach wieder um und ging weiter. So wurden damals Konflikte geregelt. Direkt. Ohne Umschweife. Das Ergebnis: eine dicke, blutige Lippe und die Frage, wie mache ich das bloß, dass das zu Hause niemand merkt: „Hab keinen Hunger!"

Erster Kuss und das Ende der Kindheit

So ganz bekomme ich das jetzt nicht mehr richtig in die Zeitschiene, ist ja nach so vielen Jahren auch egal, da kommt es auf ein paar Monate hin oder her auch nicht an. Auf jeden Fall hatten wir da auch Klassenfeste. Mit so vorpubertären Spielen und so. Ob da schon

Flaschendrehen dabei war, weiß ich jetzt nicht mehr, oder ob das erst später kam. Auf jeden Fall gab es da den ersten Kuss! Und das auch noch von ihr! Also genau IHR! Nein, nicht auf den Mund, was denkt ihr denn. Auf den Backen, also die Wange. Immerhin. Tagelang nicht gewaschen danach.

Somit endete auf dem Gymnasium endgültig die Kindheit, spätestens mit den Schlüsselblumen in der fünften Klasse, ich war elf Jahre alt.

Schlüsselblumen

Schlüsselblumen habe ich verdrängt. Denn von einem Tag auf den anderen war meine Kindheit zu Ende. Mit einem großen, frisch gepflückten, zartgelb strahlenden Schlüsselblumenstrauß in der Hand. So standen wir im Hausflur, als der Krankenwagen meine sich vor Schmerzen windende Mutter abholte, ohne Verabschiedung, ich sie das letzte Mal lebend sah. Wir hatten kein Telefon, die Nachbarn mit Telefon nicht da, zu Fuß liefen wir zuvor zum Doktor, wertvolle Zeit. Zum ersten Doktor, dann zum zweiten, der da war. Wie muss Mutter gelitten haben! Damals am Karfreitag 1979, es war der 13. April.

Einen Tag später ist sie gestorben. Mit neununddreißig Jahren. Oma sollte ihre Tochter noch fast zwanzig Jahre überleben, zehn Urenkelkinder haben. Zehn Tage später ging das Leben für uns weiter. Nur unterbrochen durch die Beerdigung. Einfach so. Die Sonne schien an diesem ansonsten grauen Apriltag. Hat unser „Erholungsheim" Mutter das Herz gebrochen? Als junges Mädchen musste Mutter auch in einem, ich nenne das mal katholisches Haushaltsschulinternat, dienen, pardon, lernen.

Habe ich Oma – und Mutter – jemals Weinen gesehen? Verlernt der Mensch in Kriegen und Armut, im Überlebenskampf das Weinen? Waren ihre Augen deshalb oft so leer und doch so gütig, so zufrieden? Einmal, Oma saß bei uns im Wohnzimmer, der Fernseher lief. Ein Kriegsfilm. Tote. Viele Tote. Da schluchzte Oma bitterlich in ihr Kissen. „Noch einer. Und noch einer. Und noch einer." Bis der kleine Enkel endlich begriff und weiterschaltete. Nachkriegsgeneration. Schweigen. Verdrängen. Keine Erzählungen. Nicht die Oma. Nicht die Mutter. Nicht der Vater. Nicht die Schule. Nicht die Kirche. Kriegskinder. Kriegsenkel. Kriegstraumata.

Wie unendlich muss der Schmerz für Oma gewesen sein, die Tochter zu verlieren. Noch größer als der frühe Verlust der eigenen Mutter? Noch größer als der unnötige Verlust des Ehemannes kurz vor Ende des Krieges, Kanonenfutter für den Heimatmissbrauch, die Oma alleine mit vier kleinen Kindern an der Hand? Dazu den Bruder im ersten Krieg verloren, gekämpft „bis zur Vergasung“ – Oma hatte ein Zwillingsbrüderpaar, was ich erst beim Schreiben dieses Buches erfahren habe. Das Gemälde an der Wand in Omas guter Stube einzige greifbare Erinnerung an den Ehemann Otto Lehmann? Neben dem Brief mit dem „gestorben für das Vaterland“ versteht sich, mit dem Nazi-Adler drauf. Dazu der Verlust, als die Enkel nach dem Tod der Mutter nach Offenburg wegzogen, raus aus der beengten Kleinstadt für den verwitweten Vater?

Keine Aufarbeitung der Verluste. Nicht für die Oma, nicht für uns Enkel. War halt so.

Heute kommen die Omas und Opas ins Heim und die Enkel in Kinderganztagesstätten. Ist halt so. Immer schneller. Immer weiter. Immer höher. Immer mehr.

Lasst uns unsere Luxusprobleme pflegen.

Was ist Deine Herkunft?

Spaziergang in die Herkunft

Der Begriff der glücklichen Kindheit ist sehr eng verbunden mit dem Begriff „Die Naturfreunde". Oma war bereits mit den Naturfreunden unterwegs, wurde einst für 75 Jahre Mitgliedschaft geehrt! Im Gepäck das Bier für die Männer und die Kartoffeln für die Kinder. Die Kartoffeln wurden am Naturfreundehaus „Storehiesle" mit einem Stock über das offene Feuer gehoben. Bei uns Kindern war das noch nicht viel anders. Neben der Oma und den Eltern haben mir die Naturfreunde den Duft des Waldes nähergebracht, den Duft der Blumenwiesen, den Duft des Lagerfeuers, die Frische des Quellbrunnens. Den Sinn für Gemeinschaft. Mane Pfaff ein Name, der mir sofort dazu einfällt. Ein Spaßmacher, so wie der Sepp Maier im Fußballtor. An Fasnet, bei der Martha und dem Emil in Niederwasser hat er für uns den Clown zu „Rosamunde" gemacht, an Ostern Eier am „Storehiesle" oder an der „Rautsch" versteckt. Wir Kinder haben ihn geliebt. Die „Rautsch", das war das Naturfreundehaus oberhalb von Hausach. Ein uriges kleines Schwarzwaldhäuschen aus dunklem Holz, kleinen Fenstern und mit Strohdach. Frisches Wasser plätscherte in einem hölzernen Brunnentrog. Oben auf der Höhe. Von blühenden Wiesen umgeben. Idyllisch würde man heute sagen. Rennen, toben, spielen. Kindheitstraum. Und immer auch „eine Handvoll Dreck" gegessen – das stärkte die Abwehrkräfte. Heute leiden Kinder an „Nature Defizite Syndrom". Das Strohdach wurde dem Kleinod auch zum Verhängnis, es ist in den späten Achtzigern abgebrannt. Das war nach unserer Kinderzeit. Klar, wir sind da hochgewandert. Habe ich von der Oma das Spazieren gehen, so habe ich von den Naturfreunden das Wandern. Viele Wochenenden, wo wir mit den Naturfreunden wandern waren.

Deshalb kommt mir eine Idee: ich will zum „Storehiesle" wandern. Und zwar sofort.

Es ist ein Frühsommertag. Ein Montag. Ich stehe an der Theke vom Wöhrle Metzger. So wie früher mit der Oma, ein Vesper kaufen. Geräucherte Bratwürste, Speck, Leberwurst, Senf, Gurken, dazu frisches Brot vom Waidele-Bäcker, wo einst der Bären stand. Die Bärenskulptur auf der Mauer erinnert daran. Der „Lumpenbeck" und der „Schweigerbeck" sind Geschichte. Es ist ein heißer vorsommerlicher Tag. Also: Wasser und Ketterer Bier zur Belohnung nicht vergessen.

Mein Weg führt in die Schloßstraße 6, Innehalten vor

dem Haus der Oma. Dort, wo früher die Gärtchen links und rechts des großen Einganges mit dem runden Oberlicht waren, parken Autos. Der Vorplatz zum Felsen hin ist verbaut, dort steht eine riesige Garage. Unsere Felsküche ist nicht mehr zu sehen. Der Eingang zum Bunker des Weltkrieges ist zugemauert, möge es in Ewigkeit so bleiben. Oben, am Dachfirst des Hauses entdecke ich aber noch das Rädchen. Das Rädchen für den Brennholzkorb. Gleich danach das älteste Haus der Stadt, das Haus vom Klausmann. Vom Drucker Klausmann. Im Nebenhaus stand die Druckmaschine, es roch nach Druckerschwärze, den Duft noch in der Nase, das Stampfen der Maschine noch in den Ohren. Das Häuschen vom Keramik Hoffmann. Der Spritzenplatz, das alte Feuerwehrhaus hat eine „bauliche Nutzungsänderung“ erfahren, da wohnen jetzt Menschen. Die Molkerei geschlossen, so wie schon zu meiner späteren Kindheit. Am Haus hängt noch das alte dunkelgrüne Emallie Straßenschild mit schmutzigweißer Schrift „Sägegrün“. Das Elternhaus abgerissen, der Edeka-Hakenjos-Pavillon auch. Und die alte Wäscherei daneben sowie die Barracken der Gastarbeiter sowieso. Ich sehe noch die Kindheitsgasse vor meinem geistigen Auge. Am Kindheitsort steht heute ein „Oma-Bänkle“ auf dem kleinen Wiesenstück, zwar auf der falschen Seite des Baches, aber immerhin. Am Bänkle ein kleines Messingschild „Vera und Elmar Langenbacher Kinderzimmer-Gedächtnisbänkle". Das war ich meiner Kindheit schuldig. Als ich vor Jahren das erste Mal vor dieser Baulücke stand, blutete das Herz. Ziemlich stark.

Über die Brücke führt wie einst der Weg über die Gutach. Neben der Brücke das breite Rohr der Gasfernversorgung. Das Darüber-Balancieren war einst die ganz große Mutprobe, denn das Rohr ist weit weg von der Brücke, kein Festhalten möglich, ein Fehler, und der Absturz wäre besiegelt gewesen. Noch gefährlicher war es allerdings, wenn Vater oder Mutter das mitbekommen hätten. Ich drehe meinen Kopf und sehe das Haus mit den schmucken grün-weißen Fensterläden, dahinter der aufsteigende Felsvorsprung des Schlossberges. Wenn wir als Kinder da oben geklettert sind, gab es mächtig Schimpfe. Links die Bäckerei vom Herrn Buske, oben gab es eine Dachterrasse, da saßen wir mit Oma und haben Kuchen gegessen oder einen Eisbecher bekommen. Rechts der „Foto Mayer". Die ersten Passbilder. Prinz Eisenherz-Frisur. Rehaugen. Geschichte und Geschichten. Über die Straße das Schuhhaus. Also früher. Die ersten Salamander Schuhe bekommen, das Salamander und Lurchi-Heftchen geholt. Auf dem Lurchi geritten, nachdem Oma zehn Pfennige in den Schlitz gesteckt hatte.

Ein kleiner Aufstieg, ich erreiche die Rückseite der Stadthalle. Massiv, aus Holz, urtümlich, traditionell, schwarzwälderisch. Heroisch. An der Hauswand lehnt ein Hexenbesen. Ein Weg führt auf den Bahnhofsberg – das war unsere Rodelstrecke im Winter. Zu meiner Linken ruht der Kindergarten, er hat sich nicht verändert. Der Bahnhofsberg. Damals wie heute: Wiesenblumen, Margeriten. Der Bahnübergang, der kleine Park, die Bank, Omas erste Bänklepause. Damals. Aufstieg in den Buchenbronn. Rechts: ein verwitterter hölzerner Wegweiser, in welchen „Gesundbrunnen" geschnitzt ist, der stand damals schon verwildert da, eine kleine steile Treppe, noch genauso verwunschen wie früher, führt aufwärts, Oma schnaufte sehr. Heute schnaufe ich. Früher: viele Hecken. Heute: Neubauten und wenig Hecken. Kinder plantschen in einem Pool. Damals: Pool ein Fremdwort, der Bach war unser Pool. Ein Querweg, dann führt ein nicht minder steiler Weg in den Wald hinein. Das war zu Kindheitszeiten im Winter unsere zweite Rodelbahn, die anspruchsvollere. Den Schlitten von zu Hause hochgetragen (nicht von der Mutter hochgefahren worden). Blaue Flecken geholt, Trost von der Oma, die oft geduldig im Zieleinlauf wartete. Schnee im Genick, Schnee in den Ohren, die Bobbelkapp verloren.

Der rückwärtige Blick fällt auf die Stadt, friedlich schmiegt sie sich um den Schlossberg. Als Kind waren mir der Ausblick und das Licht egal. Heute ist es einfach zauberhaft, so wie es Streifen durch den Wald schneidet. Das Licht flimmert, Farben verschwimmen. Es duftet nach Wald. Der Weg, wie in Erzählungen alter Wanderer. Wenig später der „Ballonplatz", eine Gedenkpause am Omabänkle. Die Arme in das kalte Wasser des Brunnens gehoben zur Kühlung. Hat uns Oma beigebracht. Ein Blick an den Waldrand: dort haben wir Waldhütten gebaut. Noch kenne ich mich bestens aus, aber werde ich auch das „Storehiesle" finden?

Am Rand des Platzes zartrosa farbene „Zahnbürstle" – wenn diese sensiblen Blumen blühen, ist die Natur besonders rein. Ich bleibe auf dem breiten Weg, welcher rechts hinter dem „Ballonplatz" in den Wald führt. Da sind wir nicht nur zum „Storehiesle" gewandert, da sind wir mit Oma auch Pfifferlinge suchen gegangen. Ich werde dieses Jahr mal meine Geheimplätze aufsuchen müssen.

„Kahlhiebbrunnen", „Bertaquelle", „Alt-Hornberg"

sind die Erinnerungsanker in meinem Kopf – danach suche ich auf den Wegweisern. „Storehiesle“ steht da nicht. Der Weg wird zur gelb gesäumten Allee: Ginster. Oma hat vor Zecken gewarnt! Wieder ein rotes Oma-Bänkle, der Blick geht auf den Schlossberg, in der Ferne gegenüber. Auf dieser Bank saß Oma in der Sonne und war zufrieden. Heute ist das Bänkle leer. Sanft fällt die Sonne auf das Holz, die Farbe blättert ab. Für die Touristen steht da heute eine geschnitzte Kanone, Hommage an das „Hornberger Schießen“. Schattenspiele der Bäume auf dem Weg. Ein zarter Wind geht.

Ein Schild „Kahlhiebbrunnen“ zeigt auf einen schmalen Pfad hinunter in den Wald, wenig später der Brunnen, ein Tisch, zwei Bänke. Friede. Das Sonnenlicht glitzert im Brunnen, der Strahl des Brunnens erzeugt runde Wellen im geschnitzten Trog. Eine einzelne Margerite am Wegesrand, von der Sonne bestrahlt. Ein Schmetterling. Oma, bist Du das? Vergissmeinnicht blühen neben dem Wasser. Zart. Zerbrechlich. Vergiss-mein-nicht! Der Duft des Wassers, des Mooses, des Waldes. Der Geschmack des Wassers auf meiner Zunge, das Kribbeln im Hals. Mit der bloßen Hand führe ich kaltes Wasser in den Nacken – ich habe kein Taschentuch dabei.

Durch die Bäume fällt der Blick auf das Freibad. Beinahe der Schlusspunkt unter der Lebenslinie des Bruders. Es ist so still. Ich höre nur das Singen der Vögel und die Melodie des Windes. Ich streiche mit der Hand über das filigrane Moos, zupfe daran, rieche daran, sehe Kindheitsbilder: Die Waldhütte, das Moos für Vaters Weihnachtskrippe. Brombeeren am Rand. Oma und das Ketterer-Eimerle.

Der Weg mündet wieder auf den breiten Weg, den „Holzfällerweg", wie Oma gesagt hätte. Und immer wieder kann ich das Städtle durch die Bäume erkennen. Das Bild steht still. Ich habe alle Zeit der Welt es zu betrachten. Ein Käfer am Boden. Dann: ein Schilderbaum des Schwarzwaldvereines, ein Lob an die Ehrenamtlichen, da steht auch „Bertaquelle 1.4 km", ich bin also richtig. Und da steht außerdem, dass ich mittlerweile 520 Meter hoch bin. Wieder ein urtümlicher Oma-Trampelpfad, wurzeldurchzogen, mit Fichtennadeln übersät, von Heidelbeerbüschen gesäumt. Ich packe die Wanderschuhe in den Rucksack und ziehe meine neuen Barfußschuhe an. Soviel Modernität muss sein. Diese macht ja auch Sinn. Den Weg voll und ganz zu spüren, den Füßen Freiheit gönnen.

Preiselbeerblüten, zartweiße kleine Kelche an feinen Stengeln, an welchen saftig grüne Blätter sind; bald werden aus den Kelchen saftig rote Früchte wachsen. Lecker zu Wild oder Sauerbraten. Das war Vaters Leidenschaft. Er wusste alle Plätze. Ein Abstecher an die „Kanzel", eine Felsnase. Die Phantasie wird aktiv als ich diese erreiche: ich sehe Einbuchtungen, die von den Herren von Hornberg, den einstigen Rittern und Stadtgründern, stammen könnten. Die Aussicht ist zugewachsen. Nun wird der Weg wahrlich ritterlich, abenteuerlich. Die Kindheit vor Augen. Der Pfad schlängelt sich an Felsen und Wurzeln vorbei, zwischen Felsformationen hindurch, geheimnisvolle Bäume, das Reich der Ritter und Gnome. Filmkulisse für Hollywood. Und dann: die „Bertaquelle" auf 672 Metern Höhe. Picknickplatz. Damals wie heute. Zeit für die erste geräucherte Bratwurst. Dazu frisches, kühles, glasklares Quellwasser aus dem Brunnen. Von Hand geschlagen die Steinquader, mit welchen die Quelle gefasst wurde. Der Picknickplatz ist gesäumt von Blumen. Gelb, Rosa, Weiß. Stille. Nur das Plätschern ist zu hören.

Der untere Weg führt weiter zum „Feierabendfelsen", frei der Blick auf das Städtle, welches immer weiter in die Ferne rückt; Schlossberg und Viadukt jedoch noch klar zu erkennen. Wieder ein Käfer auf dem Weg. Ein Hirschkäfer. Eine einzelne Pusteblume. Als Kinder hätten wir diese vorsichtig und heimlich gepflückt und den Geschwistern die Fallschirmchen in das Gesicht gepustet. Oder dem Vater, der vorher so gemacht hatte, als hätte er das Pflücken und Anschleichen nicht mitbekommen. Unser Lachen war ihm wertvoller als die beißenden Schirmchen im verschwitzten Gesicht.

Der „Feierabendfelsen", eine in den Felsen geschlagene Treppe führt hinauf, ein Geländer sichert. Auch hier: im Hintergrund ist die Hornberger Burg zu erkennen. Der Blick war für die Ritter strategisch wichtig, ich glaube, Feierabend hatten die nie. Mystische Felsformationen, Wurzeln umklammern den Stein, das Sonnenlicht gibt ein Übriges zur Szenerie. Waren das keltische Kultstätten? Ein Schild des Schwarzwaldvereines: „Der beste Weg zur Gesundheit ist der Wanderweg."

Wie aus dem Nichts komme ich an eine kleine Lichtung, eine Wiese führt zu Tal und wieder den Hang hinauf, im Hintergrund ist ein stattlicher Hof zu erkennen, beschützend ein kleines Glockentürmchen auf dem majestätischen Dach, welches weit heruntergezogen ist. Schwarzwald-Idylle, Bilderbuchmotiv. Nach weiteren Schritten weitet sich das Wiesental nach oben, weitere Höfe sind zu erkennen. Die Erinnerung rattert. Bin ich schon da? Muss ich noch über den Schlossfelsen weiter? Mein Entschluss: ich werde zum Bauernhof gehen und fragen. Sprache verbindet Menschen. Und so ist es auch; auf mein Klopfen öffnet eine alte Bäuerin, freut sich über den Besuch. Unterhalb des „Storehiesle" habe ich den „Nock"-Bauernhof im Gedächtnis, also frage ich danach. „Ha jo, des isch der do drübe. Un do obe des isch des Storehiesle. Aber des hänn se abgrisse un neu uffbaut." Die Bäuerin zeigt auf den Hof und das kleine Haus oberhalb. Auch der Altbauer kommt hinzu. Abwechslung in der Einsamkeit. In der Stille, wonach sich Städter sehnen.

Durch ein Meer von Blüten führt das kleine Sträßchen hinüber zum „Nock"-Hof, die Kindheitsbilder werden immer deutlicher, der Geruch auch. Die Zeit steht still, so wie sie die letzten vierzig Jahre Stillstand hatte. Hellgelb die unten abgerundeten Holzschindeln, welche das Haus vor Hitze und Kälte schützen, das Schieferdach, der hölzerne Brunnen vor dem Haus, die Tür zum Kuhstall, offen ist sie, drinnen die Kühe, Kopf neben Kopf. Groß die Augen, mit welchen sie mich anschauen. Der „Nock"-Hof war unsere letzte Rast vor dem „Storehiesle". Hier hat der Vater ein Bier bekommen, gekühlt im Kuhstall, wir eine Libella. Eine Flaschenbierhandlung hatte der Hof seinerzeit. Der Geruch des Kuhstalles:

ein Geruch, fest verankert im Kindergedächtnis. Nicht der Duft von Chanel, der Duft der Heimat. Ich tauche meine Arme in das kalte Nass des Brunnens. So wie früher. Augen schließen. Kindheitsbilder. Mit Vater und Mutter. Und den Freunden der Naturfreunde. Auch hier: ein Klopfen an der Tür, aber es regt sich nichts. So beschließe ich, zum „Storehiesle" weiter zu gehen. Am Nebengebäude dann ein Klappern. Der Bauer hantiert mit einer Leiter. Ich erzähle ihm meine Geschichte, er sagt: „kommsch mir bekannt vor." Den Vater kennt er, und er erzählt von Peter Reeb, Freund des Vaters. „Au mit de Schi sind se früher hier gfahre. Des Häusle hett min Bruader aber abgrisse und neu uffbaut. Er hett jetz Pferd dert."

Wenig später stehe ich oberhalb des neuen „Storehiesle". Der Bruder hat das gut gemacht, ein Traum in der Einsamkeit. Ich bleibe auf Distanz, es gibt so etwas wie eine Privatsphäre. Ich setzte mich an den Waldrand und schließe die Augen. Tief geht der Atem in meine Lunge. Luftvitamine. Plopp macht das Ketterer Fläschle.

Ich sitze im Hier und Jetzt.

Danke Oma.

HERKUNFT. SCHWARZWALD.
SPAZIERGANG MIT HUBERT BURDA
Eine biografische Reportage.
Der Duft des Apfels. Der Duft der Kindheit.
Autor Elmar Langenbacher begibt sich auf den Lebensweg von Hubert Burda - des Mannes der digitalen Revolution (u.a. FOCUS, BUNTE), Sohn von Senator Franz Burda und Aenne Burda. Ein kurzweiliges Buch mit und über Hubert Burda, welcher den Autor über „Mein Licht. Meine Stille. Der Kinzigtäler Jakobusweg." entdeckte.
Taschenbuch, 380 Seiten, reich bebildert
ISBN 978-3-00-0582851, Euro 18,90

KREATIVITÄT. TATKRAFT. VESPERTISCH.
Geschichten über Senator Franz Burda.
Bei einer Bauernfamilie als Pflegekind aufgewachsen, verkörperte Senator Franz Burda wie kaum ein anderer das deutsche Wirtschaftswunder. Die BUNTE sein Glanzstück, Stars und Sternchen gaben sich die Klinke in die Hand. Als Kontrast die Liebe zur Natur, der badische Vespertisch. Besonders lag Franz Burda stets das Wohl seiner Mitarbeiter am Herzen. Autor Elmar Langenbacher sprach mit Familienangehörigen und Zeitzeugen - eine unterhaltsame Lektüre!
Taschenbuch, 292 Seiten, reich bebildert
ISBN 978-3-9821475-0-5, Euro 16,80

Es wird einmal...
Ein Märchen aus der Zukunft für Erwachsene und Kinder
Die Kleine Naturfee lebt im Waldkönigreich, in der Natur. Als sie mit ihrem Freund und Lehrer Imwald Einhorn durch den Wald streift, treffen die beiden auf ein geheimnisvolles Wesen: eine von den Menschen im Wald ausgesetzte Künstliche Intelligenz. Cleverle 3.0. Cleverle kann Gefühle empfinden. Was wird er von den Menschen erzählen?
„Eine Geschichte, die Lust macht auf Natur, Bewegung und gesunde Ernährung." (Henning Fritz, Handballweltmeister).

Kleines Taschenbuch zum Vorlesen, 134 Seiten, illustriert
ISBN 978-3-98-214751-2, Euro 14,90 (inkl. Download)